ココが面白い！日本語学

岡﨑友子・堤良一・松丸真大・岩田美穂［編］

ココ出版

はじめに

　本書は、日本語学を楽しく学んでいただくために執筆したものです。

　本書の特徴は、現代共通語・方言、古典語、そして日本語教育というさまざまな専門をもつ若い研究者（「若い」は編者の一部を除く）がワイワイと集まり、それぞれが「ココが面白い！」と思っていることを自由に書いているところでしょうか。日本語の研究はとても広い世界だと思います。最初からすべてを見通すことはできません。本書を入口として、日本語を見つめることの「面白さ」を少しでも体感して頂ければと思います。

　出来る限り、日本語学の概説的な知識も記載するようにしましたが、現在の（これも出来る限り）最新の研究成果も紹介するようにしました。そのため、少し難しいと感じる部分があるかもしれません。それについては各章の末に記載してある「参考文献」を、是非ご御覧になってください。

　また、各章を執筆するにあたり、多くの先行研究を参照いたしました。まさに「巨人の肩の上に乗っかった」教科書です。記して感謝申し上げます。
　そして読者の皆様が少しでも遠くが見渡せますように。

　注：本書にはキャラクター4名が登場いたしますが、同名の編者とは
　　　違います！

編者一同

本書について

①本書は日本語学をはじめて学ぶ大学1年生、日本語教育のために日本語学を学ぶ必要がある方、また教養として日本語を詳しく知りたい方を想定して執筆されています。

②歴史的な章において、時代区分は「上代・中古・中世・近世・近代・現代」を基本的に使用します。上代は奈良時代以前、中古は平安時代、中世は鎌倉・室町時代、近世は江戸時代、近代は明治以降昭和の戦前まで、現代は戦後の昭和以降を示します。なお、特に時期的に限られている場合には、「平安時代初期」なども使用していきます。

③用例については本書末の「用例出典」に示してあります。

④専門用語等については、分かりやすくするために「コラム」を設けてあります。

⑤レポートなどの課題として「やってみよう！」を設けました。実際に自身で調査し、考えてみてください。

⑥各章の参考文献には、自習できるように、基本的な文献を出来る限り載せました。もっと深く知りたいときに読んでください。

⑦文例についている記号の説明は以下となります。

　＊：文法的に非文である
　??：非文ではないが、かなり不自然である
　? ：??ほどではないが不自然である
　＃：非文ではないが、ある状況や文脈で使われると不自然になる
（「非文」とは、文として成立しないことをさします）

目次

iii　　はじめに

1　　第1章
　　　「しんぶん」の「ん」は同じ音？
　　　音

15　　第2章
　　　「友子の部屋掃除」は「部屋の友子掃除」？
　　　語構成

27　　第3章
　　　「指」の呼び方も変わります！
　　　語彙

41　　第4章
　　　「もうご飯食べた？」
　　　「いいえ、食べませんでした」は、いつの会話？
　　　テンス

53　　第5章
　　　「わたしは友子です」と「ワタシハ友子デス」
　　　表記

67　　第6章
　　　良一にチョコをくれてやる！
　　　やりもらい

79　第7章
　　行ったり来たりの「タリ」って?
　　　動詞・助動詞

93　第8章
　　なぜ方言があるの?
　　　方言

111　第9章
　　「そうだ京都、行こう。」の「そう」は
　　何をさしている?
　　　指示詞

123　第10章
　　あなた、誰に言ってるの?
　　　方言

139　第11章
　　「カラカラ」って、どんな笑い?
　　　オノマトペ・副詞

151　第12章
　　「アノー、ソノー、エーットね……」
　　何がいいたいの?
　　　フィラー

165	第13章 「これって今はやりの本ですよね?」「ですです」 敬語
179	第14章 「だから、でも、では……」文と文をつなげる架け橋 接続詞
199	第15章 日本語学の悩み事なら聞いて差し上げてよ? 役割語

215	用例出典
218	IPA表(国際音声字母)
219	さくいん(キーワード)
223	編者・執筆者紹介

コラム

14	アクセント・イントネーション
26	非対格動詞と非能格動詞
40	複合語と語構成
52	アスペクトとテンス①
66	アスペクトとテンス②
92	準体句
122	方言コスプレ
164	感動詞・応答詞・フィラー
178	ら抜き言葉
212	お嬢様語とお坊ちゃま語
213	コラムの参考文献

第1章
「しんぶん」の「ん」は同じ音?

///

この章のポイント

○ 音声学と音韻論とは、どのような学問分野か知る。
○ 発音の方法と発音記号について学ぶ。
○ 同化(逆行同化、順行同化)という現象を学ぶ。

///

1 音韻論と音声学

　ことばの勉強を始めようとするみなさんにとって、もっとも身近で興味をもてそうなものの1つに「音」があります。英語の発音が上手な人の方が上手に話せているように聞こえるのも、関西弁が共通語と比べるととても異なったアクセントやイントネーションをもっているように聞こえるのも、すべて音の問題です。

　音の学問は大きく分けると2つの分野に分けられます。1つは**音声学**と呼ばれる分野で、ある音が物理的にどのように発音され、人間が発音できる音にはどのようなものがあるかを考える学問です。たとえば、日本語のパ行の音に用いられる子音[p]と、マ行に用いられる子音[m]は、唇を閉じて発音するという点では共通していますが、何が違って、別々の

音として現れるのでしょうか。さらに、英語の"tea"の"t"の発音と、日本語で「ティー」というときの「t」の発音は、息の出し方や口の構えにどのような違いがあるのでしょうか。このようなことを研究するのが音声学です。

　もう1つは**音韻論**と呼ばれています。これは、ある言語の音が、その言語の中でどのようなルールで使われているかを研究する学問です。たとえば、現代の日本語では、「や・ゆ・よ」には「い」と「え」にあたる音がありませんが、欠けている音にはどのような特徴があるのか、日本語母語話者にとって、英語の"r"と"l"の音が聞き取りにくいのはなぜか、というようなことを考えます。

　では、音に関するいくつかのおもしろい現象を紹介しましょう。

1.1　アクセント

　アクセントとは、ある単語を発音する際に、どこを強く発音するか、あるいはどこを高く発音するかということです。

　日本語と英語では、アクセントのつけ方が違っています。英語では、**強弱アクセント**と言って、アクセントのある場所が、アクセントがない場所よりも強く発音されます。"water"は、"wa"のところが"ter"よりも強く発音されます。一方日本語では、アクセントは音の高さによってつけられます。高いところから急に音（ピッチ）が低くなる場所にアクセントがあります（**高低アクセント**といいます）。「ウォ＼ーター」の場合、「ウォ」と「ー」の間にアクセントがあります。音が低いところから高くなるところを"["で、高いところから低くなるところを"]"で表すとすると、「[ウォ]ーター」のように書き表すことができるわけです。

　　く[つ]　　は[な](花)　　は[な(鼻)　　[は]し(箸)　　ト[ロンボ]ーン

　共通語では、最初の音と2番目の音の高さが変わります。「く（低）つ（高）」「は（高）し（低）」のように。「花」と「鼻」の発音はどう違うのでしょう。「花」の場合、このあとに「が／を」など（**格助詞**）をつけると、

「は[な]がきれいだ」のように、「な」と「が」の間で音の高さが変わります。「鼻」の場合には「な」と「が」は同じ高さで発音されます（「は[ながかゆいなぁ」のように）。上の例で「は[な]」となっているのは、「な」の次に何かくっついたら、そこで音が低くなりますよ、ということを表しています。一方、「は[なが」（「な」の後には何もありません）は、「な」のあとに何かくっついても音の高さが変わりませんよ、ということを表しています。

1.2 モーラ（拍）

モーラ（拍）とは、音の長さの単位です。日本語では1モーラがおおよそ1つのひらがなの長さに相当します。

「月火水木金土」と発音してみてください。不思議なことに、「げつかーすいもくきんどー」と発音しますね。電話番号を読む場合も、「075」は「ぜろななごー」と発音されます。日本語は発音するときに、ひらがな2文字分の長さになるように揃えて発音することを好むようです。日本語のひらがな1文字分に相当する音の長さの単位をモーラといいますが、日本語では偶数モーラを1つの単位とすることが好まれるようです。

ちなみに、日本語には**特殊拍**と呼ばれるものがあります。「**促音**（っ）、**撥音**（ん）、**長音**（ー）」がそれで、これらは1モーラと数えられます。一方、拗音「ゃゅょ」は1モーラと数えられません。ですから、「びょういん」は4モーラ、「びよういん」は5モーラと数えられます。

モーラと似たものに**音節**（シラブル）があります。音節は、母音を中心として、いくつの音が聞こえるかを数える単位です。たとえば上の「びょういん」は4モーラ（同じ長さの音が4つある）ですが、音節を数えると「びょう・いん」というように、2音節になります。

1.3 連濁

「中島」さんをなんと読みますか？「ナカシマ」「ナカジマ」、どちらもありそうですね。「なか」と「しま」をくっつけたときに、うしろのことばの最初の一文字が濁音になる現象を**連濁**といいます。一方、「長嶋」さ

第1章
「しんぶん」の「ん」は同じ音？

んはどうでしょう？ これは「ナガシマ」はあっても「ナガジマ」はなさそうです。

やってみよう！

○「ライマンの法則」とはなにか。調べてみてください。

1.4 英語の"tea"と日本語の「ティー」は同じ

　もう1つ、英語の例を見てみましょう。英語では、アクセント（強勢）がおかれる母音にくっついている"t"や"p"の音は、**有気音**といって、"t"、"p"と母音との間に少し息の音が入るような発音をします。口に手を当てて、"tea"と発音してみてください。息が手に強くあたれば、みなさんは英語の"tea"をそれっぽく発音できています。ところが、"t"、"p"の前に"s"の音がつくと、その息の音が消えてなくなります（有気音の場合は$[t^h][p^h]$のように表記されます）。

(1) a. teacher, tickle, team, tale...【有気音で発音される】
　　b. park, pink, pet...【有気音で発音される】
　　c. start, stick, steep, stop...【無気音で発音される】
　　d. spark, speak, span...【無気音で発音される】

　ちなみに、中国語は有気音と**無気音**（"t"や"p"と母音の間に息の音が入らない音）とが、意味の違いをもたらす音の体系をもっていますが、それだけに中国語母語話者は(1)のような現象に敏感で、中国の英語の授業では、(1)abには"t"、"p"と発音（つまり、有気音で発音）し、(1)cdについては、"sdart, sdick," "sbark, sbeek"のように発音（つまり、無気音で発音）するように指導されることがあるそうです。

　日本語では有気音と無気音は意味を区別する働きをしません。「わた

し」と単語の「た」の音を、有気音で発音すると、なんだか英語を母語としている人が、日本語を習い始めたばかり、というような印象をうけますが、しかし、その発音でなされた「わたし」が、無気音で発音された「わたし」と別の意味の単語を表す、ということはありません。このことを、有気音と無気音は、日本語においては**弁別的**ではないといい、中国語では両者が弁別的な役割を果たす、というようにいいます。

　日本語や英語では、有気音／無気音の対立はありませんが、有声音／無声音は弁別的に対立しています。ですから、次の単語のペアは、有声音と無声音が、1カ所ずつ入れ替わっているペア（これを**ミニマルペア**といいます）ですが、明らかな意味の違いがあります。

(2) a．かんばん（看板） vs. がんばん（岩盤）
　　b．タンス　vs. ダンス
　　c．タイヤ　vs. ダイヤ

2 「しんぶん」の2つの「ん」

2.1 「ん」の発音はさまざま！

　まず、次の単語を注意深く読んでみてください。それぞれの「ん」の音が違っていることが分かるでしょうか？

(3) a．し<u>ん</u>ぶん（新聞）
　　b．は<u>ん</u>きゅうでんしゃ（阪急電車）
　　c．の<u>ん</u>だめカ<u>ン</u>タービレ
　　d．さ<u>ん</u>ぜ<u>ん</u>え<u>ん</u>（三千円）

　1つ1つのひらがなを、切らずに単語として読んでくださいね。そして、自分の口の動き、特に唇と舌の動きを観察してみてください。少しでも、何か違いを感じることができましたか？

2.2　口の中はどうなっている？〜子音の発音

ここからの説明の予備知識として、口の中がどのようになっているかを少しだけ勉強しておきましょう。

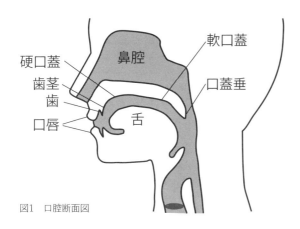

図1　口腔断面図

「ん」の発音にとって必要な部位だけをここで確認しておきましょう。
→口唇、舌、歯茎、硬口蓋、軟口蓋、口蓋垂、鼻腔

　子音は、肺から出てくる空気の流れを口の中のどこかで邪魔する（阻害する）ことによって発音されます。邪魔する場所は、唇や歯だったり、軟口蓋だったりします（邪魔する場所を「**調音点**」といいます）。調音点で、空気の流れをどのように邪魔するのか（「**調音法**」といいます）ということを考えれば、どのような発音になるかが分かります。
　前の[p]と[m]について考えてみましょう。これらは両方とも調音点は唇（両唇）です。しかし、調音法が違っています。[p]は空気の流れを一瞬完全にせき止めて、そのあと勢いよく破裂させます（「**破裂音**」といいます）。[m]は唇によって空気の流れを変えて、鼻へと送ります（「**鼻音**」といいます）。破裂音には「カ行」の[k]、「タ行」の[t]、などがあります。その他、「サ行」の[s]のように、歯と舌とで空気をこする（調音点は歯茎、調音法は**摩擦**）、などがあります。なお、この本では[p][m][t]などのよう

に、[ ]で**発音記号**を表します。そして、発音記号は**IPA**（International Phonetic Alphabet：国際音声字母）という表記を使います。本書218ページを参照してください。

調べてみよう！

- [k][t]の調音点はどこでしょうか。また、日本語の鼻音にはどんな音があるでしょうか。
- 日本語の摩擦音にはどのようなものがあるでしょうか。
- 日本語の50音を巻末のIPAを使ってまとめてみましょう。

2.3 「ん」の発音

少し前置きが長くなりました。それでは「ん」の話をしましょう。

「ん」の調音法は基本的に鼻音で、発音する場所（調音点）が、それぞれ異なっています。それでは、(3)の「ん」の調音点がどこなのか、詳しく見ていくことにしましょう。

(3)a「しんぶん」

1つ目の「ん」は次の「ぶ」を発音するために唇を閉じて発音しています。これはマ行の発音をするときと同じような唇の形になります。この「ん」は[m]と表記されます。次の「ん」は、舌の奥の方と口蓋垂をくっつけて、鼻から息を抜く音（口蓋垂鼻音）となります。無理に「ん」の音を単独で発音すると、多くの人が出すのがこの音です（[ɴ]と表記します）。

(3)b「はんきゅうでんしゃ」

(3)bでは舌は、次の音「きゅ」を発音するために、軟口蓋にくっついて、そのまま鼻から息を抜いているように感じるでしょう。これは、英語の "thing" や "sing"、"playing" などの "ng" を発音するときの音で

す（[ŋ]と表記します）。

(3)c「のだめカン**タ**ービレ」
(3)cは、次の音「た」を発音するために、舌先が歯茎のところにくっついて、そのまま鼻から息が抜けます。これは英語の"one"や、"an apple"というときの"n"の音です（[n]と表記します）。

(3)d「さ**ん**ぜ**ん**え**ん**」
最初の「ん」は「ぜ」を発音するときの舌の位置（調音点）が「た」を発音するときと同じですから、「ん」も[n]の音となります。そして、最後の「えん」の「ん」は、単独で発音することになりますから[ɴ]となります。

問題は真ん中の「ん」です。みなさんは日本語が母語ではない人（非母語話者といいます）が、「三千円」を「さんぜんねん」と発音しているのを聞いたことがありませんか？「公園へ行きました」を「こうえねいきました」のように発音するのも同じです。これは、このように発音する人の頭の中では、「「ん」の発音は、いつも[n]で発音する」というルールがあるのだと考えられます。

ちなみに、日本語教育でも「ん」の発音について教えることがありますが、いま読んでお分かりのように、「ん」の発音変化はそんなに簡単ではありません。

いずれにしても、日本語が母語である人は「ん」と「え」の間に"n"の音が入ることはありません。どのようにして発音しているかというと、「ぜ」と発音して、次にすぐに口と鼻の両方から息を出しているのです（[sandzeẽ.eɴ]という発音になります）。このように、口だけでなく鼻からも同時に息を出して発音する母音のことを鼻母音といいます。発音記号を書くときは、[a, i, u, e, o]などの母音の上に[~]をつけて、[ã]のように表記します。

いかがでしょうか？「ん」と、同じひらがなで書かれるものにも、たくさんの発音の方法があるということが分かります。しかも、私たちはこの発音の使い分けが無意識にできているのです。

3　音素

前の節では、とにかく「ん」というのが多くの発音の集合体であることを紹介しました。実際に現れる音はさまざまなのに、日本語母語話者はそれを意識せずに、みんな「ん」だと思っています。このとき、「ん」を**音素**であるといって、/ɴ/のように/ /の間に挟んで書きます。

どの音が音素として認められているかは、言語によって異なります。英語では[ɹ]と[l]はそれぞれ音素として認められています（/ɹ/, /l/）。つまり、"right"と"light"は別物です。しかし、日本語では[ɹ]を使って「ライオン」と言おうが、[l]を使って「ライオン」と言おうが、言っている意味は同じです（ただし、日本語としては若干不自然な発音に聞こえます）。

これは、日本語では[ɹ]と[l]が音素としては認められておらず、すべて音素/ɾ/の異音として聞こえるということです。ちなみに、(共通語の)日本語の「ラ行」の発音に用いられる音は、歯茎を舌先で一回だけはじく音（**はじき音**）です（[ɾ]と表記します）。

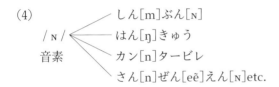

要するに、どのような発音をしようとも、その言語では同じ音であるととらえられるとき、その「同じ音」を音素、実際になされるバラバラの発音を**異音**という、ということです。日本語の「ん」の場合、音素は/N/ですが、実際に現れる異音は[m][n]などさまざまです。

4 逆行同化

話をもとに戻しましょう。「ん」に多様な発音があることは分かりましたが、これらの発音はどのように使い分けられているのでしょうか。なんのルールもなく使い分けられているのでしょうか。そうではありません。そのヒントはすでに前の節で出て来ています。「しんぶん」の最初の「ん」は、「次の「ぶ」を発音するために」[m]となります。「はんきゅうでんしゃ」は、「次の「きゅ」を発音するために」[ŋ]となるわけです。つまり、「ん」の発音は「次の音を発音するために」変化するということです。

(5) a．うしろの音が両唇（閉鎖）音（[m][b][p]）のとき：[m]
　　　さんま、こんぶ、てんぷら
　　b．うしろの音が歯茎音（[s][t][ts][dz][n]etc.）のとき：[n]（ただし、特に[s]のときには鼻母音になることも多い）
　　　たんす、サンタ、パンツ、ポンズ、ぼんのう
　　c．うしろの音が軟口蓋（閉鎖）音（[k][g]）のとき：[ŋ]
　　　あんこ、だんご

d. うしろの音が母音、「ワ」のとき：鼻母音
　　　せ⌣んえん、ふ⌣んいき、さ⌣んおくえん、だ⌣んわ
　e.「ん」で終わる場合：[ɴ]
　　　パ⌣ン、こくさいせ⌣ん

　日本語の「ん」の発音のように、次の音が前の音の発音を変えるような現象を**逆行同化**といいます。イメージとしては、X, Yと音が並んでいるときに、Yの音がXのもとの音に影響を与えるというものです。

（6）X ← Y

　「ん」の場合、YはXをどのように変えているでしょうか。たとえば (5)aの両唇を使う音がうしろに来る場合、「ん」は同じ両唇を使って発音する鼻音[m]となります。(5)bcでも同じように[n]は、うしろの音と同じ歯茎で発音する鼻音、[ŋ]はうしろの音と同じ軟口蓋で発音する鼻音になっています。つまり、「ん」の発音はうしろの音が発音される場所（調音点）と同じところを使って出す鼻音が使われているのです。このように、「ん」の発音は、音声学的に詳しく分析すると理にかなった変化をしているということが分かるでしょう。

5　順行同化

　逆行同化とは反対に、前の音がうしろの音に影響を与えて、うしろの音が変化する現象を**順行同化**といいます。

（7）X → Y

　みなさんがよく知っている、英語の過去形の発音は、順行同化の例です。

第 1 章
「しんぶん」の「ん」は同じ音？

(8) 英語の順行同化：過去形
  a．前の音が無声音の場合：過去形[t]
    liked, hoped, sliced
  b．前の音が有声音の場合：過去形[d]
    warmed, opened
  c．前の音が[t][d]の場合：過去形[id]
    wanted, handed

　前の音が無声音なら、過去形の"ed"は無声音[t]で発音され、有声音なら有声音で[d]、そして過去形の発音と同じ[t][d]で終わる場合には[id]と発音されるわけです。これらは前節で見た逆行同化とは反対に、前の音がうしろの音に影響を与えています。
　韓国語にも順行同化はあります。（ハングルのアルファベット表記はyale式）

(9) 韓国語の順行同化：
  a．l + n → l + l
    一年
    일년
    il nyen　→　il lyen
  b．m + l → m + n
    心理
    심리
    sim li　→　sim ni

　"l"（歯茎側面接近音）+ "n"（歯茎鼻音）→ "l"（歯茎側面接近音）+ "l"（歯茎側面接近音）、"m"（両唇鼻音）+ "l"（歯茎側面接近音）→ "m"（両唇鼻音）+ "n"（歯茎鼻音）というように、下線を引いた箇所の音が変わっています。どのように変わっているかというと、前の音と同じ調音法に変わっているのです。しかし、調音点は変わっていません。これは前の節で見たものと同じです。すなわち、「調音点は同じで調音法を揃える」というルールです。ただ、前の音にうしろの音をあわせるか（順行同化）、うし

ろの音に前の音をあわせるか（逆行同化）の違いです。

6 まとめ

　この章では、逆行同化と順行同化を解説しながら、音声学と音韻論のほんの一部を紹介しました。音のことについて詳しく知っていることは、外国語の発音を正確にするための手がかりとなるだけでなく、言語学や日本語学の基礎的な考え方の訓練にもとても役に立ちます。日本語のアクセントはどうなっているのか（共通語と関西弁、あるいはみなさんの出身地の方言はどのように違っているのか）、イギリス英語とアメリカ英語の発音の違いは何かなどなど、みなさんにとって実際に役立つ情報を学ぶことができます。

　最後に、1つ問題を出してこの章を終わることにしましょう。

やってみよう！

○ 日本語の同化現象として、連濁をあげることができます。「運動靴（うんどうぐつ）」は、「くつ」の[k]の前後の母音が有声音であるために[g]という有声音になるのです。このような連濁の例をいくつかあげてみてください。

〈参考文献〉

川原繁人（2015）『音とことばのふしぎな世界―メイド声から英語の達人まで』岩波書店

窪薗晴夫（1999）『現代言語学入門2　日本語の音声』岩波文庫

窪薗晴夫（2002）『新語はこうして作られる』岩波書店

斎藤純男（2006）『日本語音声学入門』三省堂

田中真一（2008）『リズム・アクセントの「ゆれ」と音韻・形態構造』くろしお出版

アクセント・イントネーション

ひと言に「アクセント」といっても、言語によってさまざまなアクセントのつけ方があります。本文でも書いたように、日本語は高低アクセントでしたよね？ 英語はどのようにしてアクセントをつけているかというと、音の強弱でアクセントをつけています。ある音を、他の音より大きく発音するということです。

(1) internátional, univérsity

アクセント記号がつけられた場所[na][ver]が、他の位置より強く読まれます。このほか中国語のような声調言語では、それぞれの音節をどのような高さで読むかが決まっていて、高さが変われば意味が変わります。

イントネーションというのは、文全体に対する音の上がり下がりです。例えば標準語では疑問文は、すべての文を普通に発音してから「か」だけを上昇させます。

(2) 学生ですか？

韓国語や英語では、疑問文は文の最初から終わりに向けて徐々に高さを上げていきます。

(3) Do you like it? ／여보세요? yeposeyyo?（もしもし？）

話をアクセントに戻します。日本語のアクセントにはいろいろな型があることが知られていて、一つは東京式と呼ばれるものです。もう一つは京阪式（近畿式）と呼ばれるアクセントがあります。

(4) a. は[な（鼻）　は[な］（花）（東京式）
　　b. [はな（鼻）　[は]な（花）（京阪式）

京阪式のアクセントでは、1モーラ目と2モーラ目が同じ高さであってもよく、これが東京式アクセントとの大きな違いになっています。(4)bのアクセントで「鼻」ということができるでしょうか？

そのほかにも、さまざまなアクセントのつけ方があります。自分の方言ではどのようなアクセント体系になっているか調べてみるといいでしょう。

第2章
「友子の部屋掃除」は「部屋の友子掃除」?

語構成

この章のポイント

○ 動詞と名詞が複合した名詞（複合語）の特徴について学ぶ。
○ 動詞のタイプ（他動詞、非対格自動詞、非能格自動詞）を学ぶ。
○ 意味役割を学ぶ。

1 「白井飲み会です」

　先日、中学時代の部活のメンバーと、宴会をしました。同級生3人で集まる予定だったのですが、一人の先輩が「来たい」といっていたのをふと思い出して、その先輩に連絡しました。その内容が（1）です。ちなみに、白井さんというのは、私の同級生で、今回の宴会の幹事です。

第 2 章
「友子の部屋掃除」は「部屋の友子掃除」？

(1)「先輩、明日白井飲み会です。先輩、来ます？」

　宴会は無事に成功、とっても楽しく過ごすことができました。しかし、1つだけ、先輩に説教されたことがあります。それは、「堤君（筆者）、日本語おかしい」ということでした。そして示された実例が、上の「白井飲み会」だったのです。
　私はこの単語を、「白井（が幹事でみんなが集まる）飲み会」という意味で書きました。もちろん分かってもらえるだろうと思って書いたのです。ところが、先輩は「この書き方だと、「白井さんが飲み会に行くから、私と一緒に二人で飲もう」という意味にもとれる。何がいいたいのか分からない」と、かなりの剣幕です。
　このように、「白井」と「飲み会」という、2つの単語をくっつける操作のことを「複合」といいます。この章では、「名詞＋動詞」という組みあわせによって、新たに名詞ができあがる場合を考えてみましょう。

2　複合語

　名詞と動詞をくっつけて、新しい名詞ができあがるとはどんな場合でしょうか。次にいくつかの例をあげてみましょう。

(2) a．魚（名詞）＋釣る（動詞）→　魚釣り
　　b．りんご（名詞）＋狩る（動詞）→　りんご狩り
　　c．本（名詞）＋読む（動詞）→　本読み

　どうですか？　このような単語は、日常会話の中でも数え切れないくらいに出てくることに気づきませんか？

> **やってみよう!**
>
> ○「名詞＋動詞」で複合語になる単語を5つあげましょう。

　単語と単語を複合させて名詞を作る、**複合名詞**はその他にもいろいろなタイプがあります（本書40ページコラム参照）。

(3) a.「動詞＋動詞」：おきびき、かけひき、満ち引き、売り買い
　　b.「名詞＋名詞」：びわ湖放送、夏休み
　　c.「形容詞＋名詞」：おおくわがた（大きい＋くわがた）、赤コンニャク（赤い＋コンニャク）

　ちなみに赤コンニャクは滋賀県の名物で、コンニャクに鉄分を加えると赤くなるそうです。派手好きの織田信長公の好みだったとか。
　このような複合語の特徴を1つ1つ考えていくこともとても興味深い作業なのですが、この章では（2）のような「名詞＋動詞」[注1]という形で作られる複合語に絞って、考えていくことにしましょう。

3　友子の部屋掃除

　この章のタイトルにもなっている「友子の部屋掃除」ですが、「友子さんが部屋を掃除すること」という意味です。何も不思議なことはありませんね。では、次はどのような意味でしょう。

(4) a.（友子の）良一いじめ
　　b. 田中殺しの犯人／*田中殺しの被害者
　　c. 父親訪問

(4)aは友子が良一をいじめているという意味ですね。決して良一が友子をいじめている、というわけではありません。「田中殺し」という単語も、誰かが田中を殺したわけであって、決して田中が誰かを殺したわけではありません。その証拠に、田中が誰かを殺して、その被害者のことをいうために「*田中殺しの被害者」とはいえません。同じように、(4)cで「父親訪問」といえば「父親を訪問する」という意味になります。たとえば、子どもがお父さんの職場を訪問する、というような意味です。

　ところで、子どものころ「父親参観」というのがありましたが、私はこのことばを聞いた時、「父親を参観する」という意味で、まさに父の職場を参観するのだと考えていました。単語の作り方という観点から見ると、「父親参観」ということばは「父親が（子どもを）参観する」という意味で、例外的な形をしています。「父親参観」は、普段なら母親が参観にくるのが当然だった時代、そうではない父親に参観にきてもらうということを表現することで成り立っていると考えることができます。

　ここまでのことを考えると、複合名詞は次のような文のパターンがある場合に、「～を」の部分をくっつけることはできても、「～が」の部分をくっつけることはできない、といえそうです。

(5) a．友子が良一をいじめる→良一いじめ
　　b．誰かが田中を殺す→田中殺し
　　c．父親を訪問する→父親訪問

「～が」を主語、「～を」を目的語といいます。ここまで観察してきたことをまとめると、(6)のようにいうことができそうです。

(6)「名詞＋動詞」で複合名詞が作れるのは、名詞が動詞の目的語のときであって、主語のときではない。

　このことから、「友子の部屋掃除」がいえて、「部屋の友子掃除」がいえないことは理解できるのではないかと思います。

4 「主語+動詞」でも作れてしまう複合名詞

上の（6）のルールは、一見完璧に見えるのですが、実はこれには例外があるのです。どのようなものか、見てみましょう。

(7) a. 胸が焼ける。→胸焼け
    b. 値段が上がる。→値上がり
    c. 根が詰まる。→根詰まり
    d. 心が変わる。→心変わり

これらは単に「例外」と言って片づけるには数が多く、しかも共通の特徴をもっています。このように、ある仮説（この場合は（6））に対して、その仮説ではうまく説明できないような一連のデータのことを「**反例**」と呼びます。仮説は、反例が見あたらない限りは妥当なものであると考えられ、反例が見つかったその時点で正しくないものと判定されます。仮説はこのような形で提示されなければなりませんが、これを**反証可能性**といい、科学の基本であるとされています。

話をもとに戻しましょう。(7)の動詞は目的語をもつことができません。「*胸が心を焼ける」「*値段が価値を上げる」といえないことから分かるように、これらの動詞は「〜を」を入れることができません。「〜が＋動詞」という形で成り立つ動詞を、**自動詞**と呼びます。そうすると、自動詞のときには、主語と動詞を複合させて名詞を作りだすことができるといえそうです。しかし、この仮説にも反例を見つけることができます。

(8) a. 子どもが騒ぐ。→*子ども騒ぎ
    b. 女子学生が起きる。→*女子学生起き
    c. 父が走る。→*父走り

これらの動詞「騒ぐ、起きる、走る」も「〜を」を入れることができませんから自動詞だと考えられます。にもかかわらず、これらの動詞では

第 2 章
「友子の部屋掃除」は「部屋の友子掃除」？

(7) でできたはずの複合ができません。これはどうしてなのでしょうか。

やってみよう！

○ なぜ、(7) では複合名詞が作れて (8) では作ることができないのでしょうか。考えてみましょう。

5　自動詞の2つのタイプ

前節までで分かったことは次のようなことです。ちょっとまとめてみましょう。自分で調べて、何が分かったかを簡単にまとめることは、前に進むためにとても大切な作業です。

(9) a．他動詞（「～を」がある動詞）では、目的語＋動詞によって複合名詞を作ることができるが、主語＋動詞ではそれができない。
　　b．自動詞では、主語と動詞を複合させることができる場合とできない場合とがある。

(9)には2つの問題が隠されています。1つは、i) 他動詞の目的語と、自動詞の中で複合できる主語との共通点は何か？ という問題、もう1つは、ii) 自動詞の中で複合ができるタイプとできないタイプの違いは何か？ という問題です。ここでは ii) の問題を先に考えていきましょう。

まず、(7) (8) の動詞を並べていきましょう。(7) のように、複合ができるタイプをAタイプ、(8) のようにできないタイプをBタイプとしましょう。みなさんが考えた動詞についても、どちらのタイプになるのか考えてください。

(10) Aタイプの動詞（複合名詞を作ることができるタイプ）
焼ける、上がる、詰まる、変わる、漏る（雨漏り）、鳴る（耳鳴り）……

(11) Bタイプの動詞（複合名詞を作ることができないタイプ）
騒ぐ、起きる、歩く、走る……

これら2つの動詞には、それがとる主語の意味に大きな違いがあります。Bタイプの動詞の主語には、基本的には人間か動物がきます。そして、彼らの意志によってその動作を行う、というような意味になっています。「騒ぐ、起きる、走る」というのは、「騒ごうと思って騒ぐ、起きようと思って起きる、走ろうと思って走る」わけです。それに対して、Aタイプの動詞の主語には意志をもった人間や動物がくることはありません。「胸が焼けようと思って焼けた、根が詰まろうと思って詰まった」ということがいえないことから、そのことが分かるのではないかと思います。

日本語学や言語学では、Aタイプの動詞を**非対格自動詞**、Bタイプの自動詞を**非能格自動詞**といって区別しています（その他にもこの2つの動詞を区別するテストがあるのですが、ここでは詳しくは述べません）。

そうすると、先にあげた問題 ii) に対する答えは出ました。

(12) 自動詞は、非対格自動詞と非能格自動詞に分けられる。

第 2 章
「友子の部屋掃除」は「部屋の友子掃除」？

　残っている問題は i ）の、他動詞の目的語と、自動詞の中で複合できる主語との共通点は何か？です。次節ではこの問題を解決していきましょう。

6　意味役割

　（6）の仮説は主語か目的語か、いいかえれば格助詞のガがついているかヲがついているか、ということを基準にして書かれています。ここまで考えてきたように、このような基準では他動詞の目的語と非対格自動詞の主語の共通点は見えてきませんでした。

　ここで、格助詞「ガ」と「ヲ」の意味について考えてみましょう。よく考えてみると、同じガやヲにもさまざまな意味があることが分かります。日本語学や言語学ではこれを「**意味役割**」と呼んでいます。

（13）ガの意味
　　 a．山口君がサッカーをした。（〈動作主〉）
　　 b．雨が降る。（〈対象〉：移動する物）
　　 c．気温が高い。（「高い」と描写される〈対象〉）
　　 d．太郎が花子に殴られた。（殴られる〈対象〉）
（14）ヲの意味
　　 a．髙谷さんが車を運転する。（運転される〈対象〉）
　　 b．小宮山君が森を歩く。（〈経路〉）

調べてみよう！

○ 格助詞ヲには他にも意味役割があります。どんなものがあるか、調べてみてください。

　ガが典型的に表すのは、（13）a のような、誰がその動作を行ったかの

「誰が」にあたる部分で、〈動作主〉と呼ばれます。(13)bでは、「雨」という移動するものを描いているので移動物、(13)cでは「高い」と描写される「気温」を、(13)dでは「花子が殴るという動作によって影響を与える対象」をそれぞれ表示していますので、意味役割は〈対象〉です（ちなみに「花子に」は動作主を表しています）。

ヲが典型的に表すのは、(14)aのように、「髙谷さん（動作主）が運転する対象」を表すものです。(14)bは「歩く」という非能格自動詞がまるで他動詞であるかのようにヲを伴っています。これは「経路のヲ」と呼ばれているもので、「〜をとおって」というような、英語でいうと"through"に相当するようなものだと考えられています。

もうお気づきでしょうか？ 格助詞のガ、ヲの意味役割にはともに〈対象〉という意味役割があることを。(13)cdと (14)aです。この〈対象〉という意味役割が鍵になりそうです。ここで、次のような仮説を立ててみましょう。

(15) 意味役割が〈対象〉である名詞と、動詞を複合させることができる。

この仮説には、格助詞が何であるかということは書かれていません。もしこの仮説が正しいものであるとすると、格助詞の違いを考えなくてもよいことになり、(6)よりも優れた仮説であるということになります。

では、この仮説が正しいかどうか検討していくことにしましょう。具体的には、非対格自動詞の主語の意味役割が〈対象〉であることを示せばいいわけです。

ここで、日本語の動詞の中には、非常に意味が似ている非対格自動詞と他動詞のペアがあることに気づきます。

(16) 非対格自動詞　　　他動詞
　　　コップが割れる　　花子がコップを割る
　　　お湯が沸く　　　　お湯を沸かす
　　　家が建つ　　　　　大工が家を建てる

第2章
「友子の部屋掃除」は「部屋の友子掃除」?

たとえば、「コップを割る」というのは、次のような意味だと考えられます。

(17) コップを割る：〈動作主〉が（力を与えて）「コップが割れる」状態を引きおこす。
お湯を沸かす：〈動作主〉が（火にかけるなどして）「お湯が沸く」状態を引きおこす。

下線部を見てください。これは非対格自動詞の文そのものです。つまり、他動詞の意味の中に、非対格自動詞の意味が入り込んでいるわけです。他動詞は非対格自動詞をもとにして作られているとすると、両者の中にある「コップ、お湯」はもともと同じものであったと考えられるわけです。

この路線の考えが正しいものであるとすると、名詞＋動詞によって作られる複合名詞が、他動詞と非対格自動詞から作られることの説明ができることになります。つまり、他動詞の目的語と非対格自動詞の主語は、同じ〈対象〉という意味役割をもっており、動詞は意味役割が〈対象〉の名詞と複合することができるというわけです。意味役割が〈動作主〉の名詞とは、基本的に複合はおこらないと考えられています。これで、この章のタイトル「友子の部屋掃除」が「部屋の友子掃除」にいいかえられない理由がはっきりしました。

7 例外？

上の分析は基本的に正しいものであると考えられていますが、これまた「例外」があることが指摘されています。

(18) a．社長がパーティーを主催する→社長主催のパーティー（社長はパーティーを主催する動作主）
b．篠山紀信が写真を撮影する→篠山紀信撮影の写真集（篠山紀信は写真を撮影する動作主）

このような動作主が複合名詞を作る場合については影山（2009）を参考にしてください。

8　まとめ

この章では次のことを学びました。

1. 2つの別の単語をくっつけてできあがる語を複合語という。
2. 複合名詞は、意味役割が〈動作主〉である語とは複合しにくい。
3. 自動詞には主語の意味役割が〈対象〉の非対格自動詞と、〈動作主〉の非能格自動詞がある。非対格自動詞の主語は、他動詞の目的語と共通点がある。そのため、非対格自動詞とその主語は複合語を作ることができる。

〈注〉

[注1]　この章では複合した語が単独で名詞として働くものだけを扱います。「名詞＋動詞」の複合語にはここであげるもの以外にもさまざまなものがあります。「一人歩き、手書き、雪焼け、ビール太り」などです。これらは、動名詞といって「〜する」という形で用いることができるものです。詳しくは由本（2016）などを参照してください。

〈参考文献〉

影山太郎（1993）『文法と語形成』ひつじ書房
影山太郎（2009）「会長就任講演―言語の構造制約と叙述機能」『言語研究』136、日本言語学会、pp. 1-34
由本陽子（2016）「「名詞＋動詞」複合語の統語範疇と意味的カテゴリー」益岡隆志（編）『日本語研究とその可能性』開拓社、pp. 81-105

非対格動詞と非能格動詞

他動詞の目的語と非対格自動詞の主語が似ていて、非能格自動詞の主語とは異なることは、たとえば次のようなテストからも分かります。

● 数を数えるか量を数えるか
(1) 他動詞
  ビールをたくさん飲んだ、本をたくさん読んだ、子供をたくさん産んだ
  →「たくさん」がそれぞれ、動詞の目的語（ビール、本、子供）を数えている。
(2) 非対格自動詞
  子供がたくさん産まれた、コップがたくさん割れた、自転車が風でたくさん倒れた
  →「たくさん」がそれぞれ、動詞の主語（子供、コップ、自転車）を数えている。
(3) 非能格自動詞
  たくさん遊んだ、たくさん歩いた、たくさん苦しんだ
  →遊んだ量、歩いた量、苦しんだ程度を表している。

(3)だけが量を数えていて、非能格自動詞の主語だけが異なる振る舞いを見せます。他動詞の意味構造は次のようです。(4)でxが現れる位置を外項、yが現れる位置を内項といいます。非対格自動詞の主語は他動詞の内項と同じ性質をもっていることから、非対格自動詞は外項を持たず内項だけを持つ自動詞であるということができます(5)。

(4) 花子がラジオをこわす→〈花子〈ラジオ, こわす〉〉：〈x〈y, こわす〉〉
(5) ラジオがこわれる→〈ラジオ, こわれる〉：〈y, こわれる〉

非能格自動詞の主語は他動詞の主語と同じ外項です（内項はありません）。「意図をもって動作を行う人」という意味役割を〈動作主〉といいますが、外項は〈動作主〉が現れる位置だということになります。

(6) さわぐ：〈x,〈さわぐ〉〉

「外項か内項か（外項でないか）」という区別は、言語研究にとって大変重要なのです。

第3章

「指」の呼び方も変わります！

語彙

この章のポイント

○ 指の名前の変化、集団語（女房詞）、上代の語彙の特徴、漢語の歴史を学ぶ。

1　語は変化する―その1：指の名前

　本章では、まず、身近な語彙である**指の名前**について学んでみましょう（前田1967）。

　まず小指と人差し指に関しては、あまり変化があった語ではないようです。小指は上代で「こおよび」、そして中古には「こゆび」の例が見られます。また人差し指は、上代・中古で「食指」とあり「ひとさしのおよび」、これが「ひとさしのゆび」「ひとさしゆび」と変化しました。このように両語とも古代から現代まで同系列の語が使われています。

　それに対して、薬指は歴史上もっとも多くの名称をもつ指です。古くは中古で「ななしのおよび」といわれ、中国名「無名指」を日本語に翻訳したものといわれています（そして「ななしのゆび」「ななしゆび」へ）。13世紀に入ると「くすしのゆび（15世紀には、くすしゆび）」が見られ始めま

第3章
「指」の呼び方も変わります！

す。この「薬指」の語源についてはいろいろあるのですが、薬師如来等の印相に薬指を使うことからといわれています（**キリシタン資料『日葡辞書』**[注1]には「薬をつける時に使う指」という説明があります）。そして中世末期から近代には「べにさしゆび」「べにつけゆび」が現れ、さらに近世には現在の呼び名である「くすりゆび」も登場します。ただし、近代に入っても「べにさしゆび」の方が優勢であったようです。

あと残りの親指・中指について、まず、親指は上代には「おほおよび（大指）」であったものが、12世紀ごろに「おほゆび（および・おゆび）」になります。近世前期でも「おほゆび」が多く用いられるのですが、このころから現代語と同じ「おやゆび」の例も見られるようになります。

(1) 足は八もん三分に定め、<u>親指</u>反つてうらすぎて、胴間つねの人よりながく【足は八文三分の大きさに限り、親指が反って足の裏がすいていて】
　　　　　　　　　　　　　　　　　　　　　　　（『井原西鶴集』好色一代女）

最後に中指について、これは中国でも「中指」です。古くは「なかのおよび」であり「なかのおゆび」「なかのゆび」と変わっていきました。また、14世紀末には「たけたかゆび」（「たかたかゆび」へ）が現れます。これは丈の高い指ということから日本で呼ばれだしたものといわれています。そして、近世には「なかゆび（中指）」と「たけたかゆび」が見られ

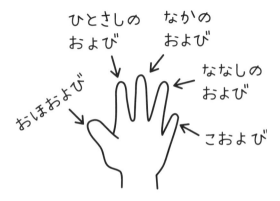

ますが、日常的な表現は「たけたかゆび」（俗語「たかたかゆび」）だったようです。近代に入ると、「たけたかゆび」「たかたかゆび」は使われなくなり、「なかゆび」のみが一般・日常語として使われるようになります。

2 語は変化する―その2：人称代名詞

日本語は**人称代名詞**が多い言語だといわれています。たとえば英語なら「Ｉ」1つですが、日本語では「わたし、わたくし、あたし、おれ、ぼく、うち、拙者、小生」などと、たくさんありますね。1人称代名詞の歴史をまとめたものを参照してみましょう。

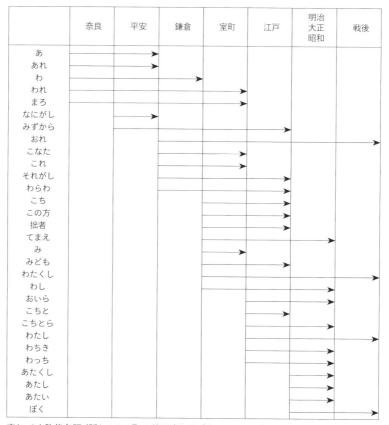

表1　1人称代名詞（話しことば）の移り変わり（飛田2002: 73）

第3章
「指」の呼び方も変わります！

　人称代名詞は文法（**敬語**）とも深く関わっており、**文末表現**とセットで考えるとよいかもしれません。以下では、近世前期上方語における2人称（「お前」「こなた」「そなた」「そち」「おのれ」など）と、その相手に対して尊敬語として動詞「言う」「来る・行く・いる」をどのように用いるかを示しています。①が待遇として一番高く、①〜⑤へと敬意の段階が低くなっていきます（山崎1963）。

　①お前段階「お前・お前様・こなた様」
　　動詞「おつしやります・仰せられます」「ござります・お出でなされます・おこしなされます」
　②こなた段階「こなた・貴様」
　　動詞「おつしやる・仰せらるる」「ござる・お出なさるる」
　③そなた段階「そなた・わが身・わごりよ・おぬし」
　　動詞「いやる」「おじやる・出やる」
　④そち段階「そち・われ・われら」　動詞「言ふ」「来る・行く・いる」
　⑤おのれ段階「おのれ・おのら・うぬら」
　　動詞「ぬかす・さへづる・ほざく」「うせる」

　さらに、敬語は使われれば使われるほど敬意が下がるといわれています（**敬意逓減の法則**）。近世前期上方語で最高の敬意を示していた「お前」は現在まったく敬意を含まず、目上の人に使ったら問題がありますね（「貴様」なども同じです）。
　ちなみに「彼・彼女」について、「カレ」という語自体は上代から見いだせるのですが、3人称として使われるようになるのは近代（明治時代）以降です。この3人称「彼」は翻訳を通じて生まれた語であり、明治の初めには男・女ともに用いられています。

　(2)　余は初めて病牀に侍するエリスを見て、その変わりたる姿に驚きぬ。彼はこの数週のうちにいたく痩せて、血走りし目は窪み、灰色の頬は落ちたり。　　　　　　　　　　　　　（『舞姫』）

語彙

　(2) の「彼」は「エリス」(女性) を示しています。そして、次第に男女を区別するために「かのおんな」といういい方が生まれ、「彼女」と書くようになり、漢語の流行で音読し「かのじょ」へと変化したといわれています。

3　集団のことばについて

　次に**集団語**の話をしましょう。あることばの中で、地域という条件で結ばれた語 (方言) 以外の、ある社会集団あるいは専門分野の中で通用することばを集団語といいます。この集団語を米川 (1998) は以下のように分類しています。

①職業的集団 (警察・放送・芸能・官庁・病院・百貨店・すし屋など)
②反社会的集団 (暴力団・泥棒・テキヤ・不良少年など)
③学生集団
④被拘束集団 (軍隊・刑務所など囲いこまれた人々)
⑤趣味娯楽集団 (特定の趣味や娯楽を共有する人々 (オタクなど))

　集団語は歴史的にも見られます。その中の1つ「**女房詞**(にょうぼうことば)」を紹介していきましょう。

ココ！：女房詞

○女房詞は、宮中で働く女房たちが使ったことばです。
　古くは『**海人藻芥**(あまのもくず)』(1420)、『**大上臈御名之事**(おおじょうろうおんなのこと)』(15世紀、大上臈とは宮廷・摂関家に仕える女房) に見られます。

　『海人藻芥』では「女房詞」に関して、

第3章
「指」の呼び方も変わります！

(3) 内裏仙洞ニハ一切ノ食物ニ異名ヲ付テ被召事也。一向不存知者当座ニ迷惑スベキ者哉。飯ヲ供御。酒ハ九献。餅ハカチン。味噌ヲハムシ。塩ハシロモノ。豆腐ハカベ。索麵ハホソモノ。松蕈ハマツ。鯉ハコモジ。鮒ハフモジ。(中略) 近比ハ将軍家ニモ。女房達皆異名ヲ申スト云々。　　　　　　　　　　　（『海人藻芥』）

と「異名ヲ申ス」と記載し、『大上﨟御名之事』には「女房詞」という項目が設けられています。

(4) 女房ことば。
- いひ。御だいくご。おなか。だいりには。いひにかぎらず。そなふるものをくごといふ。
- しる。御しる。しるのしたりのみそをかうの水といふ。
- さい。御まはり。(中略)
- こい。こもじ。
- ゑび。かづみ物。
- すし。すもじ。　　　　　　　　　　　（『大上﨟御名之事』）

さらに室町時代の『御湯殿上日記』[注2]には約300語と多くの女房詞が見られます。

次に、キリシタン資料の『日葡辞書』には「婦人語」として女房詞が記載されています。この「婦人語」は、九州・四国・京都周辺の身分の高い婦人たちを信者に獲得することを目的とし、彼女たちが用いる語を理解するために収録されたと考えられます[注3]。

(5) Vomauari.l, vocazuヲマワリ、または、ヲカズ（お回り。または、お数）婦人語。いろいろの料理、または、豊富な食物。
　　Gugoグゴ（供御）Mexi（飯）に同じ。飯。これは婦人語である。
　　　　　　　　　　　　　　　　　　　（『邦訳日葡辞書』）

このように宮中で生まれた女房詞は、将軍家・武家から一般へと拡がっていきました。また、女房詞は「御所詞・女中詞・大和詞」とも呼ばれています。

4　造語法から見る女房詞

では、女房詞を語構成から観察してみましょう。

A　接頭辞「お」や語尾に「もじ」をつける。その際に語の一部を省略する。なお、省略のみまたは省略したものを重ねるものもある。
　（a）「お」の付加
　　　みやげ（土産）→おみや　　でんがく（田楽）→おでん
　（b）「もじ」の付加
　　　いか（烏賊）→いもじ　　さば（鯖）→さもじ
　　　こい（鯉）→こもじ　　すし（鮨）→すもじ
　（c）省略のみ
　　　たけのこ（筍）→たけ　　まつたけ（松茸）→まつ
　　　まんじゅう（饅頭）→まん　　ごぼう（牛蒡）→ごん
　（d）重ねる
　　　するめ→するする　　まんじゅう（饅頭）→まんまん

B　色・性質等の特徴をとらえる（さらに特徴から連想する。語を省略する場合もある）。さらに語尾に「もの」をつける。
　　みず（水→「冷やしたもの」の省略）→おひや
　　あずき（小豆）→あか　　いわし（鰯）→むらさき
　　とうふ（豆腐）→かべ・おかべ
　　（＋「もの」）
　　しお・とうふ（塩・豆腐）→しろもの
　　そうめん（素麺）→ほそもの　　えび（海老）→かがみもの

第3章
「指」の呼び方も変わります！

　これらの造語法は、現代語でも見られます。たとえば、Aですが、省略は非常に多く用いられる造語法で、「パソコン」（パーソナルコンピューター）、「コンビニ」（コンビニエンスストア）と長い外来語から、「いってらー」（いってらっしゃい）、「いってき」（いってきます）、「ヒトカラ」（一人でカラオケ）と文まで省略されます。そして「揃い」が「そろ」と省略され接頭語がついた「おそろ」や、省略して動詞性の語尾である「る」をつけた「コピる」「シャメる」などもあります。

　Bについては、ツイッターなどで「ほかる」という語が以前に流行したのですが、「風呂に上がって体温があがる」→（連想）「ほかほか」→（省略）「ほか」＋（語尾）「る」（「ほか（ほかにな）る」の短縮？）と考えられるでしょうか。この語は「ほかてら」（お風呂にいってらっしゃい）、「ほかえり」（お風呂からお帰り）、「ほかあり」（お風呂からお帰りと言ってくれてありがとう）という派生も生み出しています。さらに色・性質などの特徴をうまくとらえた「私、ブルーだわ」（落ち込んでいる）、最近は打ちことば（携帯・パソコンで打つ）で記号を多用させるため「^^」（笑顔）なども見られますね！

5　もっと遡る－上代の語彙

　もっと遡って、上代の語彙を見てみましょう。

5.1　上代その1：1音節が多かった

　上代では、名詞の多くは1・2音節からなり、3音節以上（例「こころ（心）」）は少なかったといわれています。阪倉（1993）によれば、古代には148の**単音節名詞**（1音節語、例「か（蚊）」）があったのですが時代とともに減りつづけ、現代語ではその三分の一にあたる48語しか残っていないそうです。

　これは、単音節名詞から**複音節名詞**に移行し減少したのですが、その理由として、日本語は音節数が少なく**同音衝突**を回避するためといわれています（同音異義語が多い）。

なお、上代では「キ・ヒ・ミ・ケ・ヘ・メ・コ・ソ・ト・ノ・モ・ヨ・ロ」が甲乙2類（**上代特殊仮名遣い**。甲乙は発音の違いとされています）に分かれていたのですが、平安時代初期にはなくなります。そのために同音異義語が増え、語義を区別するために接辞や何らかの表現を添加し、語形を差別化する方向に向かいました。例としては「た（田）」は「たんぼ（田圃）」、「は（葉）」は「はっぱ」などです（たとえば足立区の「足（あ）」などは化石的に残っているもの）。

5.2　上代その2：「キ」「ミ」について（男女）

　上代の語において、「キ」は男、「ミ」は女を表していたと考えられます（蜂矢2010）。例をいくつかあげてみると、国を生んだ神様である「イザナキ（伊耶那岐）」は男であり、「イザナミ（伊耶那美）」は女（ちなみに「イザ」は「イザナフ（誘う）」＋「ナ」（現代語の助詞「の」と同じ））、神様を表すカムロキ・カムロミも男・女で、スメロキ（天皇）のキも男を表します。ちなみに、女性の天皇は幕末まで例が下がりますが「スメラミ」（『和英語林集成』）[注4]）が見られます。そして、老いた男女の対である「オキナ・オミナ」も同じくキ・ミの対立です。

　さらに、「キ」はカ行であるので「コ」、「ミ」はマ行であるので「メ」までに広げてみると「ヲトコ・ヲトメ」「ヒコ（彦）・ヒメ（姫）」「イラツコ・イラツメ」「ムスコ・ムスメ」も男・女ですね！

6　漢語の流行について

　突然ですが日本語の**語種**には「**和語・漢語・外来語**」があります。

- 「和語」日本語固有の語彙。例：「はは」「やま」
- 「漢語」中国から借入し漢字で表記される語彙。例：「修行」「法事」
- 「外来語」欧米その他から借入し、カタカナで表記される語彙。
　　例：「チョコレート」

第3章
「指」の呼び方も変わります！

　そこで、最後に漢語の歴史についてまとめていきましょう。

　上代に、中国・朝鮮半島との交流が盛んになり、仏教ももたらされる中で、漢籍・仏典・政治的文章などの漢文が日本に多量にもちこまれます。もちこまれた当初、漢字の読み書きに従事したのは渡来人やその子孫の史部、僧侶などの一部の人間であり、一般の人々の日常語には影響を与えなかったと考えられます。上代の『万葉集』は、ほぼ和語であり、漢語は0.3％[注5]です（例「布施・香（こう）・餓鬼・双六（すごろく）」）。

　中古になると、漢文の読み書きが貴族・官僚・僧侶の中で一般化します。その影響で、彼らの言語の中に漢語が増加していきます。ただしこの時代、女性か男性か、また男性でも職務などによって漢語の使用頻度・語彙数においてかなり違いがあるので注意が必要です（女性が漢語を使うことは、歴史を通じてあまり好まれません）。

　中世にはさらに漢語が浸透していきます。そして和語が漢字表記され、それを音読した結果「おほね：大根（だいこん）」、「かへりごと：返事（へんじ）」などの**和製漢語**も生まれていきます。

　○和製漢語
　　こもりゐ→籠居（ろうきょ）　こちなし→無骨（ぶこつ）
　　うちうち→内々（ないない）
　　ものさわがし→物忩（ぶっそう：近世以降「物騒」とも）
　　その他「急所・存外・模索」など

　これは、可能な限り漢字で書きたいという欲求のあらわれであり、**重箱読み**や**湯桶（ゆとう）読み**などもこの時期に増加します。

　また、近代（明治時代）には、翻訳をとおして新しい漢語が増大します。これは、欧米の文物を摂取し翻訳する際、従来の日本語では表現できない場合に漢語を造出したり中国語から借用したりすることによっておこりました。結果、膨大な**新漢語**が生み出されました。

　また、漢語の流行がおこります。読売新聞で連載された内田魯庵（ろあん）の「貘（ばく）の舌」（珍粉漢語1920年6月10日）[注6]にその様子をうかがい知ることがで

きます。

(6) 珍粉漢語

眠気覚ましに明治の初年の珍妙な漢語の流行を話さうかナ。(中略)役人は威厳を保つ為に、書生は豪放磊落を衒ふ為に使用するには漢語が一番適してゐた。文明開化といふ名ばかりで、依然役人が有難がられ且恐がられてゐた其頃は、役人や役人の卵である書生が無暗と漢語を使用すると世間一般は忽ち風化されて人に解らうと解るまいとかまはず、といふよりも寧ろ人に解らないのを却つて得意とするやうな自分流儀の変挺来の漢語を勝手に使用したもんだ。(中略) 其中から最も馬鹿馬鹿しい珍粉漢語を眠気覚ましに二つ三つ抜いて見やう。(中略)
△あいつ故には怠惰が過ぎて百事多難に困迫す
△浮薄訛言な磊落者と知らずに惚れたが口惜しい

7 まとめ

この章では、以下について学んできました。

1. 指の名・人称代名詞の変化
2. 集団語「女房詞」と造語法
3. 上代語の特徴（1音節語、「キ」と「ミ」）
4. 漢語の歴史と流行

語彙についてはさまざまな研究法がありますが、本章で学んだことをもとに以下についてさらに詳しく調べてみるのもよいかもしれません。

第 3 章
「指」の呼び方も変わります！

```
調べてみよう！
```

○ 身近な語彙が古くはどのように呼ばれていたのか。現在、どのような語が、どのように用いられているか。
　　例：頭「かしら・こうべ・あたま」
○ 現代の集団語にはどのようなものがあるか。例：業界用語
○ 上代にはどのような単音節名詞があったのか。
　どのように複音節名詞となったか、その傾向をまとめる。
○ 漢語と位相の問題。女性が漢語を使用することを好まなかったというのは本当か（『源氏物語』帚木巻、博士の娘）。
　近代に漢語が増大するが、どのように漢語が増えたのか。

〈注〉

[注1]　キリシタン資料である『日葡辞書』(1603年) は、ローマ字書きの日本語の見出し語に、ポルトガル語の語釈やローマ字書きの例文をつけた辞書です。語彙数は32,798語です。1549年に宣教師フランシスコザビエルが来日して以降、イエズス会の宣教師が多数来日します。以後、約80年の間にキリシタン資料と呼ばれる教義書、語学書、文学書が日本や国外で多数出版されます。代表的なものに、ロドリゲス『日本大文典』、文学書『天草版平家物語』・『天草版伊曾保物語』などがあります。
[注2]　『御湯殿上日記』は、禁中の御湯殿に奉仕する女官が交代でつけた日記であり、現存は1477（文明9）年から1826（文政9）年に至る約350年間のものです。
[注3]　身分の高い婦人たちを信者にすることにより、その夫、子ども、そして婦人に仕える侍女、侍たちを改宗させる可能性が生じるからです。
[注4]　『和英語林集成』はヘボン式ローマ字で有名な J.C.ヘボン（1815-1911）の著した日本語（和英・英和）辞書です。
[注5]　宮島達夫（1971）『古典対照語い表』笠間書院
[注6]　漢字を常用漢字（一部平仮名）に改めました。

〈参考文献〉
池上禎造（1957）「漢語流行の一時期」『国語国文』26（6）、pp. 379-388、（1984）『漢語研究の構想』岩波書店
池上禎造（1984）『漢語研究の構想』岩波書店
遠藤織枝（1997）『女のことばの文化史』学陽書房
沖森卓也他（編）（2011）『図解日本の語彙』三省堂
国田百合子（1964）『女房詞の研究』風間書房
阪倉篤義（編）（1971）『講座国語史・語彙史』大修館書店
阪倉篤義（1993）『日本語表現の流れ』岩波書店
杉本つとむ（1985）『女性のことば誌』雄山閣
杉本つとむ（1997）『女とことば今昔』雄山閣
蜂矢真郷（2010）『古代語の謎を解く』大阪大学出版会
飛田良文（2002）「現代日本語の起源」『現代日本語講座第4巻　語彙』飛田良文・佐藤武義（編）、明治書院、pp. 70-103
前田富祺（1967）「指のよび方について」『文芸研究』56（『国語語彙史研究』（1985）明治書院、pp. 539-584に再録）
真下三郎（1948）『婦人語の研究』東亜出版会
山崎久之（1963）『国語待遇表現体系の研究　近世編』武蔵野書院
米川明彦（1998）『若者語を科学する』明治書院

複合語と語構成

　語を形態素（意味をもつ最小単位）に分けると、語基（意味的な中核）と接辞（接頭辞と接尾辞）に分かれます。その上で、語を語構成から見ると以下のように分類されます。

単純語…語基１つだけで語となることができるもの。例：花・手・蜂・山・話す
合成語…合成語はさらに複合語と派生語に分類されます。
　複合語…２つ以上の語基によるもの。例：春風・蜂蜜
　派生語…語基に接辞がつくもの。例：不合格・水っぽい

　その他に、混成語（blending）と言われるものがあり、「やぶる＋さく→やぶく」「ゴリラ＋くじら→ゴジラ」がこれにあたります。
　さて、これらは単に語が結びつくだけではありません。二つの要素がくっつくことにより意味的にも融合し、しばしば特殊な意味を持つようになります。たとえば「赤鉛筆―赤い鉛筆」のペアで考えてみましょう。赤鉛筆は「芯の赤い鉛筆」ですが、「赤い鉛筆」は外見が赤ければ良いですね。その他に「目薬―目の薬」「東京大学―東京の大学」と、語と語がくっつくと意味が特殊化する例は多く見られます。
　さらに、くっつくことによって意味だけではなく、音にも変化が起こります。たとえば、連濁「恋（こい）＋心（こころ）」→「こいごころ」、母音交替「船（ふね）＋人（ひと）」→「ふなびと」、音便「追い＋かける」→「おっかける」、「引き＋曲げる」→「ひんまげる」などです。
　次に、派生語をつくる接辞の話をしておきましょう。語の頭につくのが接頭辞、語の後ろにつくのが接尾辞です。さまざまな接辞があり、まず接頭辞は待遇性接頭辞「お」（例：お祝い・お手紙）や否定性接頭辞「不」「非」「未」（例：不参加・非常識・未成年）、副詞性接頭辞「か」「け」（例：か弱い・け高い）、形容詞性接頭辞「真」「大」（例：真正面・大通り）といったものがあります。
　そして、接尾辞には動詞性接尾辞「る」「がる」「ばむ」「ぶる」（例：コピる・嫌がる・汗ばむ・良い子ぶる）や形容詞性接尾辞「っぽい」「がましい」（例：嘘っぽい・未練がましい）といったものがあります。

第4章 「もうご飯食べた？」「いいえ、食べませんでした」は、いつの会話？

テンス

この章のポイント

○ テンスとアスペクトについて学ぶ。

1 「まだ食べませんでした」

　日本語を教え始めたある日、留学生に声をかけました。その時に交わした会話は（1）のようでした。（2）も同じような例文です。

(1) 先生：お、金さん、こんにちは。もう授業は終わりましたか？
　　金さん：はい、先生。これから家に帰ります。
　　先生：そうですか。私はこれから昼ご飯を食べに行くんですが、金さんはもう、お昼ご飯を食べましたか？
　　金さん：いいえ、まだ食べませんでした。先生、一緒に食べませんか？
(2) アレンさん：先生、1カ月前に奨学金の申し込みをしたのですが、返事がまだ届きませんでした。私はいつまで待てばよいのでしょうか。

第4章
「もうご飯食べた？」「いいえ、食べませんでした」は、いつの会話？

みなさんなら「まだ食べていません」「まだ届いていません」というところですね。どうして、金さんやアレンさんはこんなまちがいをしてしまったのでしょうか？

ある出来事が、ある時点より前におこったか（過去）、これからおこるのか（未来）を表す文法的なカテゴリーを**テンス**といいます。「タ」は、出来事が過去におこったことを表しています。

この章では、日本語の「タ」について少し考えてみましょう。

2 日本語の「現在完了形」？

「昨日、焼き肉を食べた」「1週間前、先生から手紙が届いた」の「タ」は、「ある出来事が過去のある時点におこったことを表す」といわれます。この「タ」形を**過去形**と呼びます。一方、先の(1)(2)に現れるような「タ」は、過去を表すというよりは、「出来事が、その文を発した時（発話時）までにすでに完了済みであることを表す」といわれ、現在完了的な用法とされることがあります（**パーフェクト**と呼ばれることもあります。工藤1995）。

ところで、みなさんは英語で現在完了形を習ったときに、完全に理解した！と思えたでしょうか。英語では現在完了の意味を表す形が、過去形とは別にあって（have + 過去分詞；have had lunch, have received a letter）、なんとなく納得してしまっていますが、日本語での現在完了的な意味と過去の意味とは、同じ「タ」で表されていて、「「た」には2つの異なった意味があるんだよ」といわれても、すぐには納得できそうもありません。本当に、現在完了的な意味なるものを、「タ」はもっているのでしょうか？

3 実現想定区間

(3)は、この文が発せられるタイミングによって、大きく2つの解釈ができます（ここからの議論は井上2001を主に参考にしています）。

(3) お昼ご飯、食べた？

たとえば、いまはその日の夜8時で、晩ご飯を食べながら、奥さんがご主人の健康を気づかって発話したとしたら、次のような会話になるでしょう。

(4) A：あなた最近忙しいんでしょう？ 今日はお昼ご飯食べた？
　　B：いや、今日は会議があって、食べなかった。

ご主人は「いや、(今日は)食べなかった」と、過去形で答えることになります。この場合、ご主人の答えは、「過去のある時点において、お昼ご飯を食べる、という出来事がおこらなかった」ということを述べているといえます。一方、この発話が、お昼の1時過ぎに、大学のキャンパス内でばったり出会った友達同士の会話だとしたらどうでしょう？ おそらく次のような会話が展開されるはずですね。

(5) A：あ！ トモリン、元気！？
　　B：うん。元気だよ。ミッチーは？
　　A：うん。元気。ねえねえ、(もう)お昼ご飯食べた？
　　B：ううん、(まだ)食べてない／#食べなかった。これから行く？

これは「もう、まだ」といえることからも分かるとおり、「お昼ご飯を食べるということが、まだ実現していない」という、現在完了的な意味で使われる例です。

ココ！

○「タ」が現在完了になるか過去になるかは、その文が発せられるタイミングによって変わる！

第4章
「もうご飯食べた？」「いいえ、食べませんでした」は、いつの会話？

　「タイミング」とはどういうことでしょうか。たとえば（4）では、夜の8時にこれからお昼ご飯を食べる可能性はもうありません。一方、（5）ではこれからお昼ご飯を食べる可能性は十分あります。ということは、「○×○×する可能性があるタイミングなのか、ないタイミングなのか」で意味が変わるということです。「○×○×する可能性があるタイミング」のことを「**実現想定区間**」という、少し難しいことばで呼びましょう。「実現想定区間」は出来事によってさまざまです。

（6）a．（4月初旬に）もう、桜は咲きましたか？
　　　b．（5時に始まるパーティーに来ると言っていた彼を待っている、いま5時15分）彼、もう来た？

　（6）aでは桜が咲くタイミングは、たとえば西日本では3月下旬から4月上旬くらいですから、この期間が「桜が咲く」という出来事の実現想定区間になります。（6）bの実現想定区間は、「彼が来る可能性のあるタイミング」ですから、4時40分くらいから、パーティーが始まってから1時間くらいまででしょう。実現想定区間が終わってしまうと、「タ」の意味は過去になります。

（7）a．（8月中旬に）#もう、桜は咲きましたか？／今年は桜は咲きましたか？
　　　b．（彼との待ちあわせをした次の日に）#彼、もう来た？／昨日、彼、来た？

> ココ！
>
> A. 実現想定区間の中で発せられた「タ」は現在完了的！
> B. 実現想定区間のあとで発せられた「タ」は過去！

　AでもBでも、「タ」が、発話時よりも前におこった出来事を表していることに変わりはありません。そのことは注目しておきましょう。

4 「まだ食べなかった」が不自然な理由

　ここまで来れば、日本語における次のような会話で、なぜ「食べなかった」といえないのかを理解することができるようになります。

(8)　(1時ごろ)
　　A：お昼ご飯は食べた？
　　B：いや、*まだ食べなかった。

　「タ」は、その文が実現想定区間内に発せられた場合には、完了的な意味になるのでした。(8)でいうと、「お昼ご飯を食べる」という出来事がおこる実現想定区間は、おおよそ午前11時から午後2時くらいでしょうか？ 午後1時に「お昼ご飯食べた？」と聞くということは、午後1時（発話時）までの、「昼どき」——つまり昼ご飯をこれからも食べるかもしれない時間帯——に、「お昼ご飯を食べる」という出来事がおこったかどうかを聞いていることになります。
　では「食べなかった」という否定形はどのような意味を表しているでしょうか。「*まだ食べなかった」といえないことからも分かるように、「食べなかった」という表現を実現想定区間内で用いることはできません。井上（2001）は「しなかった」の意味を次のように述べています。

(9)「実現想定区間内に当該の出来事が実現されないまま終わった」ということを表す。　　　　　　　　　　　　　　（井上2001: 132）

「昼どき」の例でいうと、これは「昼ご飯を食べるという出来事が実現されないまま、昼どきが過ぎてしまった」ことを表す、ということです。このようなことをいおうと思えば、当然「昼どき」が過ぎている必要があるわけで、「しなかった」は実現想定区間の中では使用されないということになります。

それでも私たちは「いまは実現想定区間内なんだけれど、いまのところはそのような出来事が実現していない」ことを表したい、ということがあります。その場合は「していない」という表現を用いることになります。

(10)（午後1時ごろ）
　　　A：昼ご飯食べた？
　　　B：いや、まだ食べてない。

もちろん、ここでなぜ「していない」という形が使われるのか？ ということが問題になります。この問題は「している」という表現の意味を理解することが必要で、この章ではそれを解説するスペースがなさそうです。おさえておきたいことは、日本語では過去を表す場合に「タ」の他に「テイル」という形を用いることがあって、そのことが関係してい

るという点です（興味がある人は、本書のコラム、工藤（1995）、井上（2001）などを参照してください）。

(11)（昨日誘いを断ったのにまた同じことを言ってくる相手に対して）
　　　もう！昨日きちんと<u>断ってる</u>でしょ！／<u>断った</u>でしょ！
(12)（約束を破ったら3千円払うと一筆書いた相手に対して）
　　　一週間前に、僕の目の前で一筆<u>書いてる</u>／<u>書いた</u>よね〜、3千円払うって……

この2つの形式が、特になぜ「テイル」という形式が過去を表すのか、とても重要で興味深い問題ですが、ここではこれ以上触れずに、「タ」が見せるさまざまな不思議な現象の中から、もう1つ紹介して、この章を終えたいと思います。

5　発見の「タ」

　私は音楽が好きでCDをたくさんもっているのですが、あまり整理ができていなくて、聴きたいCDがすぐに出てこないことがあります。10分くらい探してようやく目当てのCDを探し当てた時に、思わず、「あ、あった！」と叫んだとしましょう。この場合、私がいっていることは、「CDがある」ことであって、「CDが過去にそこにあったのだけど、いまはない」というような意味ではありません（「10年前にはここに学校があった」と比べてみてください）。
　このような「タ」は、どうもテンスを表すために用いられるのではなくて、何かを「発見」したという話し手の態度（**ムード**といいます）を表す形式であるようだと、「**発見の**「**タ**」」として記述されてきました。「タ」にはテンスを表す用法の他に、ムードを表す用法があるのだ、ということです。
　一方、このような発見の「タ」も、過去を表すと考えるべきであることが、定延（2004, 2008）で主張されています。この章では定延（2004）の

第4章
「もうご飯食べた？」「いいえ、食べませんでした」は、いつの会話？

議論を簡単に見ていきましょう。

定延（2004）では発見の「タ」は、「**探索という体験の時点が過去であることを表す**」とされています。上のCDの例で考えてみましょう。私はある特定のCDが聴きたくて部屋に何本かあるCDラックを探します。この場合、私は探索課題「目当てのCDはどこ？」をもって探索しています。この探索は、CDラック全体を探索領域にして、ラックすべてを探し終わるか、お目当てのCDが見つかるかしたときに終了します。これを**マクロ探索**といいます。一方、CD一枚一枚をチェックしながら「これは違う、これも違う……」という探索は、一枚探索しては終わり、また次の一枚を探索する、というように一瞬一瞬連続して行われます。これを**ミクロ探索**といいます。マクロ探索は、ミクロ探索がいくつも重なっているというイメージです。

定延（2004: 14）は、探索は一種の体験であるとしています。CDの例では、「あ、あった！」は、この探索という体験が過去であったことを表すと考えられています。

6　ローマでの奇跡

イタリアに友人と旅行したときのことです。旅の終わりのローマ、バチカン市国での出来事です。11月のヨーロッパというのは一日一度は雨が降ってもおかしくないくらいの曇天がつづくことが多いそうで、私たちが旅行をしたころもちょうどそんな感じでした。

ところが、どういうわけか私たちがカメラを出して、写真を撮ろうとすると決まってほんの少しの間だけ太陽が顔を出すのです。何かに守られているようで幸せな旅だったのですが、バチカン市国でサンピエトロ大聖堂を出た時に、最高の瞬間が訪れました。

それまで降っていた雨がぴたっとやみ、晴れ間が見えはじめたのです。それだけではありません。なんと、大聖堂の向こう側に、虹が二重に架かったのです！　このとき、私はこう相手にいいました。

(13) 見て見て！ 晴れたよ、虹も出た！

　目の前でおこっている出来事ですから、この探索はミクロ探索です。一瞬一瞬刻々と変わる空模様が「どのように変化するか？」を見ているわけです。そしてこのミクロ探索の連続の中のある一瞬、「晴れていない状態」から「晴れている状態」への変化が見られ、そしてそれにつづく別のミクロ探索で「虹が出ていない状態」から「虹が出た状態」への変化が見られたのです。このような状態変化を、ミクロ探索の結果としてとらえ、そしてその体験が過去であることから、「晴れた」「虹が出た」ということができていると考えられるわけです。
　ですから、ミクロ探索においては「変化する前」の情報が得られない場合には、「タ」で発見したことを表すことができなくなってしまいます。

(14) （朝、ジョギングをしていると、前方にスーツ姿の男性が倒れている。一緒に走っていた友人にこのことを告げる）
　　お、おい！ 見てみろ！ あそこに人が*倒れた／倒れてるぞ！
(15) （給湯室の前をとおったら、誰が沸かしたかは分からないがやかんの中のお湯が沸騰状態にある）
　　あれ？ お湯が*沸いた／沸いてる。

（井上2001: 106）

第4章
「もうご飯食べた？」「いいえ、食べませんでした」は、いつの会話？

　少し例文の状況を変えて、たとえば（15）を、自分でカップラーメンを食べようとしてお湯をかけたという状況にしてみましょう。3分くらいするとやかんから湯気が勢いよくふきだしてきました。そこで（15）'のようにいうことは可能です。

　（15）' よし。沸いた。

　「タ」が使えるか使えないかは、要するに、お湯を沸かしはじめる瞬間かその途中経過や、人が倒れるその瞬間を目撃したか否かで変わってくるということです。一見、テンスの「タ」とは関係がないような「発見の「タ」」も、「探索という体験が過去にあったことを表す」と考えれば、同じ「タ」の1つだということが理解できますね。

7　まとめ

　この章では、テンスを表す形式である「タ」について考えました。「タ」が完了的な意味を表すのはなぜか、また発見という意味と過去という意味はどのように関わっているのかについて話してきました。この章で紹介した不思議な現象をまとめると、

1. 現在完了的な「タ」と過去の「タ」は、文が実現想定区間の中で発せられるか、そのあとで発せられるかで変わる！
2. 「発見の「タ」」は、探索という体験が過去にあったことを表す！
3. 探索のとき、「変化前の状態」がとらえられなければ「タ」は使えない！

ということです。
　上の3つのことは、結局、

4. 「タ」の意味は、過去を表すことである！

ということを表しているのです。

　ちなみに、「昼どき」という単語は、辞書によると「昼食の時分」という意味だそうです。この単語は、実現想定区間自体を単語化したものと思われます。「ランチタイム」というのもそうですね。他にも実現想定区間自体を単語化したような場合があるでしょうか？ 調べてみるとおもしろいかもしれません。

　なお、本章では、「タ」の現在完了「的」な意味は、「タ」がもつ過去の意味と、実現想定区間というものとの組みあわせで生じるとしていますが、別の説では、「タ」そのものに、完了の意味があるのだと主張しています。このように、学説にはさまざまな立場があって、どちらが正しいか論争がつづいているということもあります。

〈参考文献〉
井上優（2001）「現代日本語の「タ」」つくば言語文化フォーラム（編）『「タ」の言語学』ひつじ書房、pp. 97-164
工藤真由美（1995）『アスペクト・テンス体系とテクスト』ひつじ書房
定延利之（2004）「ムードの「タ」の過去性」『国際文化学研究：神戸大学国際文化学部紀要』21、神戸大学、pp. 1-68
定延利之（2008）『煩悩の文法』ちくま新書

アスペクトとテンス①

　日本語の述語は、大きく分けると2つの時間的な概念 (a,b) を表しています。

(a) できごとが、いつ起こったのか？（過去なのか、現在なのか、未来なのか）
(b) できごとの、どの側面をとらえているのか？（出来事の全体をとらえているのか、出来事の一部分（始まる前なのか、途中なのか、終わった後なのか）だけをとらえているのか）

　これらを文法的に表現する方法を、それぞれテンス(a)、アスペクト(b)と呼びます。テンスは日本語では非過去（スル）と過去（シタ）の対立として、アスペクトは出来事の全体をひとまとまりにして表現する完成相（スル）と、出来事の一部分を切り取ってとらえる継続相（シテイル）の対立として表現されます。なお、「相」とはおおよそアスペクトのことだと理解してください。

　テンスとアスペクトの関係を、奥田(1978)、工藤(1995)などは次のような表を用いて提示しています。

表　スル／シタ、スル／シテイルの関係

	完成相	継続相
非過去	スル	シテイル
過去	シタ	シテイタ

　完成相というのは、ある出来事をひとまとまりにとらえて表現するということです。継続相というのは、進展するある出来事の一部分を切り取って表現するということです。

(c) 昨日、お好み焼きを作った。
(d) 昨日、お好み焼きを作っていた。

　(c)では、ただ「昨日」で表される時に、「お好み焼きを作る」という出来事が起こったことを表しています。一方、(d)では「お好み焼きを作る」という出来事全体から一時点を切り取って表現します。「お好み焼きを作るという出来事が進展中だった」というような意味になります。この、「今〜〜している（ところだ／最中だ）」という場面を切り取ることを、〈進行〉と言います。（「アスペクトとテンス②」に続く）

第5章
「わたしは友子です」
と
「ワタシハ友子デス」

表記

この章のポイント

○ ひらがな・カタカナの歴史を学んで、現代における仮名の使い方について考える。

---

1 シュトレーゼマンのセリフ

　みなさんは、『のだめカンタービレ』という作品をご存じでしょうか。主人公・野田恵（通称のだめ）を中心に、音楽に熱中する音大生たちを描いたコメディです。原作は二ノ宮知子さん作のマンガですが、上野樹里さん主演でテレビドラマ化や映画化もされたので、そちらを見たことがあるという人も多いかもしれませんね。

　この『のだめカンタービレ』の中に、シュトレーゼマンというドイツ人指揮者が登場します。彼は指揮法を教えに来日するのですが、彼の話す日本語は次のように表記されます（以下、(1)(2)の例はすべて『のだめカンタービレ』第2巻より）。

(1)「指揮科へのテンカは認めまセーン」（テンカ：転科）

53

第5章
「わたしは友子です」と「ワタシハ友子デス」

「わたしも早くみなサンをより理解する努力するつもりデス……」

ところどころにカタカナが交じっているのが特徴です。

これを見たとき、みなさんはどのような話し方を思い浮かべますか？多くの人は、日本語のネイティヴ・スピーカーとは異なる発音による話し方を想像するのではないでしょうか（ドラマ版を見た人は、竹中直人さん演じるシュトレーゼマンの話し方を思い出してください）。

ところが、このシュトレーゼマンのセリフは、いつもカタカナ交じりで表記されるわけではありません。次の例を見てください。

(2)「わたしは3軒目にしてこれを見つけたんだ」
　　「おまえ……！　わたしを知っていてその態度か!?」

これは、ロンドンのおもちゃ屋で、シュトレーゼマンがイタリア人指揮者のヴィエラといい争っているときのセリフです。状況と相手から考えて、このときシュトレーゼマンが日本語を話しているとは思えません。作中には何語かはっきり示されていませんが、ヨーロッパの言語のいずれかで会話していると考えられます。そしてそのことばの表記には、カタカナは交じらないのです。

日本語を話すときはカタカナが使われ、外国語を話すときはカタカナが使われない。なぜこうした使い分けになるのでしょうか。

この章では、ひらがなとカタカナという2つの仮名の歴史をたどりながら、それがいまの日本語表記とどのようにつながっているのか考えてみましょう。

2　カタカナで「話す」のはどんなとき？

歴史の話に行く前に、ある発話がカタカナあるいはカタカナ交じりで表記されるとき（長いので、カタカナで「話す」とき、といいます）について整理しておきましょう。まずは次のクイズを考えてみてください。

表記

やってみよう

○ ①、②、③のキャラクタが日本語で挨拶しています。それぞれのセリフには、AとBのどちらがふさわしいと感じますか？
　A：はじめまして、こんにちは！
　B：ハジメマシテ、コンニチハ！

　いかがでしょうか。①にはAのひらがな表記のセリフを、②と③にはBのカタカナ表記のセリフをあてはめるのがしっくりくる、という人が多いのではないでしょうか。もっとも、状況や条件によっては①をB、②③をAにした方がふさわしく感じることもあるでしょう。たとえば、「②は日本在住20年で日本語ペラペラの人だ」などと考えた場合です。
　逆に、ひらがなで話すかカタカナで話すかによって、その人の素性を

第5章
「わたしは友子です」と「ワタシハ友子デス」

想像することも可能です。もし①が「ワタシハ友子デス」と話したとしたら、「この人は、外国で育って日本語を身につけなかった人なのかな？」というような想像が働くはずです。

こうしたことから読み取れるのは、流暢な日本語はひらがなで表され、そうではない日本語はカタカナで表されているということです。注意してほしいのは、「日本人はひらがな／外国人はカタカナ」という結びつきではないことです。あくまで流暢なのか否かが問題なのです。

さらに、これは日本語の発話に限ったことではないことも、先のシュトレーゼマンの例から明らかです。セリフ（2）がひらがなだったのは、その言語（ヨーロッパの言語のいずれか）をよどみなく用いていることの表れ、（1）がカタカナ交じりなのは、彼の日本語に片言のいい方が混ざっていることの表れと見て取ることができます。

このように考えてくると、1節の最後で示した疑問は次のようにいいかえられるでしょう——なぜ、**流暢さ**がひらがなと結びつき、**片言**がカタカナと結びつくのか。

それでは仮名の歴史を見ていきましょう。

3　楽に分かりやすく書きたい！──ひらがな・カタカナの使い方

日本で漢字が本格的に使われるようになったのは4世紀末から5世紀ごろです。はじめは、漢文を記す文字としてのみ用いられました。たとえるなら、話すときは日本語で話し、書くときは中国語で書く、というような状態だったわけです。

しかし、中国語では表せない（翻訳できない）日本語があります。人名や地名などの固有名詞です。これらの語は、日本語の1つ1つの音にそれぞれ近い中国語音をもつ漢字をあてて書き表しました。

こうした「あて字」の発想を発展させて、漢字を日本語の音を表す文字として用いるようになったのが**万葉仮名**です。たとえば「青」を「阿乎」、「心」を「許己呂」、「行く」を「由久」などと書いたりしました。

この万葉仮名の登場によって、日本語を分かりやすく書き表せるよう

にはなりました。しかし、「万葉仮名」といっても1文字1文字の形は漢字のままです。文章のように言葉の量が多くなると書くのに時間がかかるという難点があります。そこで、日本語を分かりやすく書けて、しかも書く時間が短縮できる文字として生まれたのが、**ひらがな**と**カタカナ**です。

　ひらがなが生まれた世界は、大きく分けて2つあると考えられています。1つは、9世紀前半の男性貴族官僚の世界です。例として「藤原有年申文」[注1]（図1）を見てみましょう。図1の3行目中央付近にある、万葉仮名文の一部「止奈毛於毛不」の字の形状が、ひらがなのような形になっていますね（「となもおもふ」のように見えます）。こうした例から、ひらがなは彼らの日常業務の中で生まれたのではないかと思われるのです。

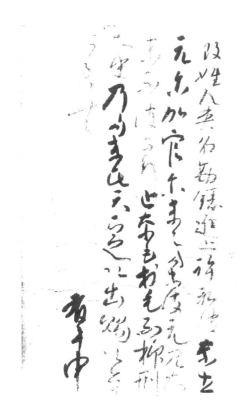

図1　藤原有年申文（国語学会（編）1976）

第5章
「わたしは友子です」と「ワタシハ友子デス」

　もう1つの世界は、実はカタカナの生まれた世界と同じです。それは、仏教の学僧たちの世界です。奈良時代の終わりごろから、学僧たちが経典（漢文で書かれています）を勉強する際、師の講義を聞きながら読み方を行間にメモするようになりました。彼らには急いで書き留める必要があり、そのため、手早く書けるひらがなやカタカナが生まれたと考えられています。

　みなさんも、メモするときや授業中に教科書に書き込むとき、急いで書きませんか？　まさにそうした状況下で仮名は生まれたわけです。どうやら「楽に速く書きたい！」という人間のいわば「怠け心」が発生の根底にありそうですね[注2]。

　さて、このようにして使われるようになったひらがなとカタカナには、筆で書くときの大きな違いがありました。それは**連綿**の有無です。

　連綿とは、いくつかの文字をつなげて書くことです。つなげて書いているとそのうち筆の墨がなくなってくるので、きりのいいところで筆を上げ、硯で墨を含ませます。これを**墨継ぎ**といいます。墨継ぎをすると当然ながら連綿はいったん切れますので、墨継ぎ後に書く文字との間には小さな空白が生まれます。

　なぜこの手法に注目するかというと、連綿と墨継ぎによって意味上のひとまとまりが示せるからです。墨継ぎは、単語や文節など意味上の切れ目で行われることが多いのです。逆にいえば、連綿の部分は、意味上のひとかたまりである可能性が高くなるのです。例として、『古今和歌集』の平安時代末期の写本（図2）を見てみましょう。仮名序の冒頭部分です。文字の切れ目に「｜」を入れながら読むと（「／」は改行を表します）、「やまとうたは｜ひとの｜こゝろを｜たねとし／て｜よろつの｜ことの｜はとそ｜なれり｜け／る……」のように読み取ることができます。

　さて、この手法はひらがなで書く場合にのみ行われました。ひらがなで文章を記す場合は、そのほとんどをひらがなで書いたため、こうして意味上のまとまりを読み取りやすくすることが大切だったのです。

　一方、カタカナを使って文章を書くときは、漢字とカタカナを交ぜました。ちょうど現代の文章のひらがなをカタカナにおきかえたような感

じです。これは、別種の文字を交互に用いることで、意味上のまとまりを示すという方法です。カタカナは漢字とともに用いることではじめて、意味上のまとまりを示せたわけです。

　文字をつらねてある語を示すことは、ひらがなもカタカナも等しくもっている、文字の基本的な働きです。違いは、それを視覚的に示すための手法にあります。単独でまとまりを示せるひらがなが、いわば独立独歩の文字だったのに対し、カタカナは漢字の助けが必要な文字だったのです。

　同じ親から生まれた性格の違う兄弟のように、ひらがなとカタカナはそれぞれ独自の道を歩んでいきました。

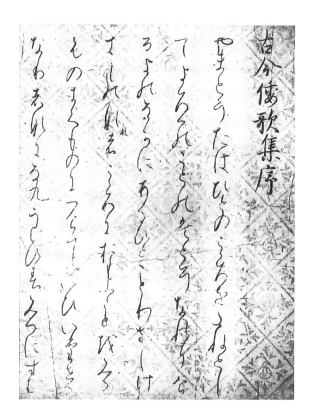

図2　古今和歌集序（大蔵集古館蔵本）（国語学会（編）1976）

第 5 章
「わたしは友子です」と「ワタシハ友子デス」

4　ルールを守る？　守らない？―仮名づかいとひらがな・カタカナ

　仮名が生まれた奈良時代末期〜平安時代初期、そしてそれにつづく数百年間は、日本語の音も大きく変化した時期でした。そのため、仮名が生まれてしばらくすると、文字と音との関係にも変化がおこります。
　例を見てみましょう。(3)は平安時代末期の『源氏物語絵巻』[注3]の一節です。

(3) a．御かたちとものみるかひあるにつけても〔御容貌どもの、見る甲斐あるにつけても〕(「御法」詞書)
　　b．ゆくすゑの御すくせくせはしらすたゝいまはかゐあるさまにもてなしたまひてまし〔行く末の御宿世々々は知らず、ただ今は、甲斐ある様に、もてなし給ひてまし〕(「竹河（二）」詞書)

　(3)aも (3)bも〈効果、価値〉という意味の「甲斐」という語をひらがなで書いていますが、(3)aは「かひ」、(3)bは「かゐ」と記しています。
　仮名が生まれたころ、「甲斐」は[kaΦi]のように発音し[注4]、[Φi]に対応する「ひ」を用いて「かひ」と書かれていました。ところが、平安時代中期ごろに、語頭以外のハ行音をワ行音で発音するという音変化がおこり（ハ行転呼）、「甲斐」は[kawi]のような音になりました。(3)b「かゐ」は、この音にあわせて「ゐ」を使ったと思われます。
　一方、たとえ発音は変わったとしても、〈効果、価値〉という意味と結びついて使われてきた「かひ」という書き方がすぐさま捨てられるわけではありません。(3)aの「かひ」は、それまで使われてきた書き方を踏襲しているといえるでしょう。その結果、[kawi]と発音したであろう語に、「かひ」「かゐ」の2とおりの書き方が見られるのです。
　この例が、単なる混乱なのかレトリック等の理由による書き分けなのかは慎重に見極めなければなりません。ただ、ここでおさえておきたいのは、同じ語の同じ音節に複数の仮名が対応しえたということです。何らかの書き分けをするにしても、「かひ」と「かゐ」とが同じ語を示せね

ば書き分けの意味がありません。そしてそれには「ひ」と「ゐ」とが同じ音を表せることが前提となるのです。

　このような、文字と音とが一対一で対応していないことへの指摘は、平安時代からすでにありました。それらをふまえつつ、意識的に仮名の使い方を整理しようとした人物がいます。鎌倉時代初期の歌人で、百人一首の撰者としても有名な**藤原定家**（1162（応保2）〜1241（仁治2）年）です。定家は『下官集』[注5]の中で、1つの音に複数の仮名が対応しているもの（「お・を」「い・ひ・ゐ」「え・へ・ゑ」）について、その使い分け方（当時のアクセントや前時代の文献を拠りどころとしたもの）を示しました。この使い分けは、現在、**定家仮名づかい**と呼ばれています。

　定家は自分の示したルールをかなりの程度まで守りました。定家筆といわれているひらがな文献の多くは、この仮名づかいを守っています。本人はこの仮名づかいを他人に強要しなかったようですが、優れた歌人として後世の人々にまで崇められていた定家の影響力は大きく、中世を通じて主に歌文の世界で重んじられました。

　ところが、ルールを定めた定家本人もそれを守らなかった場合があります。それは、カタカナで書く場合です。ひらがなでは「つゐに（遂）」と書くのにカタカナのときは「ツヒニ」とか「ツイニ」と書いているのです[注6]。

　ということは、定家にとって（正しい）使い方を強く意識したのはひらがなを使うときであって、カタカナに対してはそうした思いはあまりなかったと考えられます。

　安易な一般化は避けねばなりませんが、定家に見られるこうした違いには注意を払っておいてよいでしょう。守るべきルールとしての**仮名づかい**を意識するとき、それがひらがなに向けられてもカタカナには向けられないことがあったのです。

5　2つの仮名の役割分担

　3節や4節で述べたように、カタカナは、語としてのまとまりを示したり文字の使い方を意識したり、といったことから少し距離をおいていま

第5章
「わたしは友子です」と「ワタシハ友子デス」

した。そんなカタカナが「適任」だった場合があります。それは、外国語を書き留める場合です。

　江戸時代を代表する知識人の1人である**新井白石**の著作『**西洋紀聞**』には、多くの外国語が記されています。イタリア人宣教師シドッチ（G.B. Sidotti）への訊問を通じて知りえたもので、地名、人名、キリスト教関連の語を多く含みます。

　現存する白石の自筆本では、漢字とひらがなを交えて書いている部分のひらがなは、連綿により文字がつなげられています。一方、外国語の部分に用いたカタカナは、1文字1文字切り離して書かれています。さらに、カタカナを用いているところでは、「ウィ」「ティ」など前時代までにはないような文字の組みあわせや、縦書き1文字分のスペースの右半分に「ト゜」、左半分に「ウ」を書いた、「ダ」（[dum]という音節を示すと考えられています）のような独特の表記法もしばしば見られます[注7]。

　自身の聞き取った音にできるだけ忠実に書き留めようとしたとき、白石が選んだのは、ひらがなではなくカタカナでした。書記上の制限のゆるかったことが、カタカナを発音記号のように扱った背景にあると考えられます。そして、当時のカタカナに、「音」を表すのに使う文字という役回りのあったことがうかがえます。

　もっとも、「漢字ひらがな交じり文をベースにカタカナ表記された外国語を交ぜる」という書き方自体は、オランダ語学習と関わりのある人々の間で行われることはあったものの、結局この時代には一般化しませんでした。この書き方が一般化していくのは、明治の終わりから大正にかけてです。

　もう1つ、ひらがなとカタカナとの役割分担をうかがわせる例があります。明治時代の初等教育における「**いろは**」と「**五十音図**」の扱いです。

　現代の教科書では「ひらがなのひょう」などの名称で五十音図に類する表が示されますが、明治時代の小学校国語教科書では、いろはと五十音図が同時に掲載されていました。いろはは文字を一覧するもの、五十音図は音を一覧するもの、という意識があったと考えられています。

　それらを見ると、多くの場合、いろははひらがなで、五十音図はカタ

カナで記されています。カタカナと音とを結びつける感覚は、こうしたところにも表れているのです。

6 話し方と表記との関係

　さて、話が長くなってきました。シュトレーゼマンのような話し方の謎——流暢な話し方はひらがなで表記され、片言はカタカナで表記される——を探るために、仮名の歴史を見てきたのでしたね。そろそろ「シュトレーゼマンとカナノレキシとどう関係するんだ！」といわれそうです。まとめてみましょうか。

　今回お話ししてきた、ひらがな・カタカナの歴史のポイントをまとめると次のようになります。

ひらがな	カタカナ
・万葉仮名から生まれた。 ・しばしば、ひらがなのみで文章が書かれた。 ・意味上のひとまとまりが分かるように書いていた。 ・規範（仮名づかい）が意識されやすかった。	・万葉仮名から生まれた。 ・多くの場合、漢字とともに用いられた。 ・音を表すのに使われることがあった。 ・規範（仮名づかい）はあまり意識されなかった。

　カタカナは、いつも漢字の助けが必要だったり、文字の使い方のルールが定まっていなかったりと、独立独歩で自前のルールももっているひらがなに比べれば、やや完璧さに欠けています。そうした特徴が、カタカナと片言交じりの発話とを結びつけやすくしたといえます。

　さらに、カタカナは音を表すという役割ももっていた（もっている）文字です。ひらがなで書かれたものにカタカナを交ぜたり、通常ひらがな表記されるところをあえてカタカナ表記したりすることは、文字列から連想される音に注意を向けさせることにもなります。特徴的な発音の用

第5章
「わたしは友子です」と「ワタシハ友子デス」

いられる片言の発話を喚起させる文字として、これほど好都合なものはありません。

シュトレーゼマンや宇宙人の〈流暢ではない話し方〉をイメージさせる表記法は、ひらがなやカタカナに以上のような歴史があったからこそできることなのです。

もちろん、マンガにおけるこうした例を分析するには、**役割語**（第15章）との関わりから表記の歴史を丹念に見ていく必要があります。ここでお話ししたことがすべてではなく、まだまだ検討すべきことはたくさんあります。とはいえ、文字に対する私たちの感覚が、文字の使い方の歴史の延長線上にあるのも事実です。

今の文字世界と昔の文字世界はつながっているのです。

7　まとめ

1. マンガなどを中心に、流暢な話し方をひらがな（と漢字）で表し、片言交じりの話し方をカタカナ（と漢字）で表す、という表記法がある。
2. ひらがなやカタカナは、9世紀前半に、男性貴族官僚や学僧たちの世界で生まれた。
3. ひらがなは、連綿と墨継ぎを用いて、ひらがなだけで文章を書きつづることができた。カタカナは、漢字とともに用いることで、文章を書きつづることができた。
4. 鎌倉時代の定家仮名づかいなど、ひらがなを使うときは仮名づかいという規範が強く意識されることがあった。これに対し、カタカナを使うときは、そうした意識があまり強くなかった。
5. 江戸時代の新井白石『西洋紀聞』や明治時代の国語教科書からは、カタカナを音と結びつける感覚が見て取れる。
6. 〈流暢ではない話し方〉をイメージさせるために使われるカタカナ表記は、ひらがなやカタカナの歴史を基盤に成り立っている。

〈注〉

[注1]　867（貞観9）年に、讃岐国司が上級の役所へ提出する文書の冒頭に、讃岐介であった藤原有年がつけ加えた文書。讃岐国に住むある一族の改姓手続きについての、藤原有年の見解が記されていると考えられています。

[注2]　以前、学生たちとある「実験」をしてみました。2人の学生に筆ペンで『万葉集』の歌二首をそれぞれ書いてもらいます。1人はすべて万葉仮名、1人はすべてひらがなで書いて、それぞれ時間を計ってみると、万葉仮名：2分47秒／ひらがな：1分4秒という結果でした。もちろん万葉仮名という書き慣れないものと比べているのでその点は差し引いて考えなければなりませんが、それにしても約60字書くだけでこれほど差がでるのです。

[注3]　作者未詳。絵の様式などから、平安時代末期に制作されたと考えられています。『源氏物語』の各帖から数場面を選び出して絵画にし、あわせて場面解説の文章（『源氏物語』本文をもとにした文章）を書き記しています。(3)で引用しているのは、この文章の部分（詞書）です。

[注4]　音声記号と発音の関係については、第1章と巻末のIPAを参照。

[注5]　藤原定家の著といわれています。勅撰和歌集の書写のしかたについての伝書で、「嫌文字事」の条に仮名の使い方についての記述があります。その記述が「定家仮名づかい」の概要をまとめたものと理解されています。

[注6]　大野（1977）にあげられた、源氏物語の注釈書である『源氏物語奥入』中の漢文傍訓に見られる例。大野（1977）には、他の例も指摘されています（大野1977: 313-314）。

[注7]　松村（1999）には、こうしたカタカナ表記の例が数多くあげられています（松村1999: 14-19）。

〈参考文献〉

乾善彦（2013）「誰が主役か脇役か─日本語表記における漢字と仮名の機能分担」『日本語学』32（5）、日本語学会、pp. 157-166

大野晋（1950）「仮名遣の起源について」『国語と国文学』27（11）、東京大学、pp. 1-20

大野晋（1977）「仮名づかいの歴史」大野晋・柴田武（編）『岩波講座日本語8　文字』岩波書店、pp. 301-339

沖森卓也（2003）『日本語の誕生　古代の文字と表記』吉川弘文館

国語学会（編）（1976）『国語史資料集─図録と解説』武蔵野書院

小松英雄（2000）『日本語書記史原論　補訂版』笠間書院

築島裕（1986）『歴史的仮名づかい』中央公論社

林史典（編）（2005）『朝倉日本語講座2　文字・書記』朝倉書店

松村明（1999）『近代日本語論考』東京堂出版

馬淵和夫（1969）「「平安かなづかい」について」佐伯梅友博士古稀記念国語学論集刊行会（編）『佐伯博士古稀記念　国語学論集』表現社、pp. 425-446

馬淵和夫（1993）『五十音図の話』大修館書店

アスペクトとテンス②

（①の続き）「テイル」にはもう一つ意味があって、それは出来事が全て終わったあとに残る、結果の状態です。(e)では「ドアが（開いている状態から）閉まる」という出来事が起こった結果、ドアが閉まった状態だ、というようなことを表しています。このような場面を切り取ることを〈結果〉と言います。

(e) ドアが閉まっている。

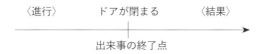

どのような動詞が〈進行〉を表し、どのような動詞が〈結果〉を表すのかという点については、さまざまな議論があって、ここでその全てを紹介することはできませんので、皆さんで調べてみてください。例えば(f)は、ものすごく大きな門がゴゴゴゴと音を立てながら3分くらいかかって開く様子を表すとも、お昼の間はずっと開いているともとらえることができますね。しかし、(g)の「浴びている」は決して〈結果〉の意味には解釈できません。

(f) 大門が開いている。
(g) ??さっき友子さんはシャワーを浴びたので、今友子さんはシャワーを浴びている。

ところで次のような例文のテイルはどうでしょう？

(h) 犯人は3年前にこの旅館に泊まっている。
(i) 僕が着いたときには、彼はすでに死んでいた。

これらは、過去のある時点に起こった出来事の影響（効力）が、別のある時点(h)なら発話時、(i)なら「僕が着いた時」にまで及んでいるというような意味を表します。このような「テイル」は、「今」と言えない点で〈結果〉のテイルと異なっていて、これらの用法を工藤(1989, 1995)にしたがって〈パーフェクト〉といいます。

テンス・アスペクト研究は、最近では、話し手がその出来事をどのようにとらえるかを表す「ムード」とも連関することがわかってきており、活発に研究されている分野です。

第6章

良一にチョコをくれてやる！

やりもらい

この章のポイント

○ やりもらい表現がどのように成立してきたか、どのように使われてきたかについて学ぶ。

1 「あげる」「くれる」の使い分け

まず、クイズです。(1) のセリフの話し手は、友子、良一のどちらかと友達です。どちらと友達でしょうか？

(1) この前、バレンタインデーで、友子、良一にチョコレートあげたんだって。そうしたら、良一、ホワイトデーの日に、お返しでバラの花束くれたらしいよ！

第6章
良一にチョコをくれてやる！

　みなさんはこの文章を読んだとき、(1)の話し手は友子の友達だと感じたのではないでしょうか。そんなことはセリフでは一言もいっていないのに、なぜそのようなことが分かるのでしょうか。良一と友子の恋の行方も気になるところですがそれはさておき、この章では現代語の「あげる」と「くれる」の使い分けから話を始めましょう。

　「あげる」「くれる」は、ともに物のやりとり（やりもらい）を表す動詞ですが、文の構造は異なっています。(2)(3)の文はともに「良一から友子に」花束が渡っていますが、誰の立場から話をしているかが異なっています。(2)「あげる」は良一の立場から、(3)「くれる」は友子の立場から述べていることになります。「くれる」の文では「〜に」の人の立場から述べなければいけないという制約があるのです。このような方向性の区別は、話し手（1人称）に近づくか、話し手から遠ざかるか、という区別であり、この章では「**人称的方向性**による区別」といいます。

(2) 良一が友子に花束を<u>あげる</u>。
(3) 良一が友子に花束を<u>くれる</u>。

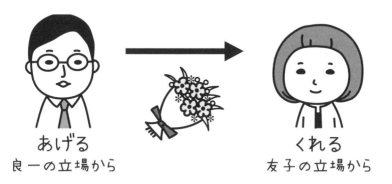

　そのため、(4)の文は成り立ちません。

(4) *私が良一にチョコレートを<u>くれる</u>。

「私」よりも「私」に近い立場の人間は想定できないため、「〜が」が「私」になってしまうと、「〜に」に想定できる人物がいないことになり、(4)は文として成り立たないのです。

現代語には、このようなやりもらいを表す表現、**やりもらい表現**が7語あります。使い方を整理しましょう。

表1　現代語のやりもらい表現

主語（〜が）	与え手（話し手側）	与え手	受け手（話し手側）
補語（〜に）	受け手	受け手（話し手側）	与え手
非敬語形	やる／あげる	くれる	もらう
敬語形	さしあげる	くださる	いただく

他のことばでもやりもらいを表すことはできますが、これらは非敬語形と敬語形がセットで体系となっていること、また、**恩恵の授受**を表す表現として「〜てあげる」「〜てくれる」などの助詞「て」に接続した**補助動詞**を生み出していることから、ひとまとまりの語彙体系をなしているといえます。

2　平安時代の「くれる」の使い方

このような「**くれる**」の使い方はいつごろから見られるのでしょうか。実は古典語にも「くれる」（平安時代の終止形は「くる」、この章では「くれる」で統一して示します）ということば自体はあるのですが、その使い方は現代語とは異なっているようです。

平安時代の文学作品から「くれる」の使い方を考えてみましょう。(5)bのように、現代語の「くれる」と同じ使い方もありますが、(5)aのように現代語の「あげる」に相当する用法もあります。(5)aは話し手・北の方から中納言へ、(5)bは景純から話し手・北の方への授与です。

(5) a．［北の方は娘・四の君と面白の駒の結婚に反対する］〔北の方→

第 6 章
良一にチョコをくれてやる！

  中納言）「あたらあが子を何のよしにてかさるものにくれては見ん。」【なんと惜しい大切な子を、どんな理由であんな者に与えるものですか。】   （『落窪物語』）
 b．［北の方は大納言の遺産の分配に不満を言う］〔北の方〕「我得たらん丹波の庄はとしに米一斗だにいで来べきならず。［中略］かくとをくあしきはかげずみがえりくれたるなり」【私が得た丹波国の荘園は年に米一斗だってできない。このように遠く悪い場所は景純が選んで私にくれたものだ。】（『落窪物語』）

 このような現代語の「**あげる**」に相当する用例をさらに見てみましょう。「くれる」の特徴は、(6)aのように、身分が上の人物（作者紀貫之）から下の人物（従者・子どもたち）への授与に用いられることがほとんどです。また (6)bのように人間（正頼）から動物（犬・鳥）への授与も「くれる」で表現されています。

(6) a．この長櫃の物は、みな人、童までにくれたれば、飽き満ちて、【この長櫃の中身の物は、みんなに、童にまであげたので、十分に堪能して】   （『土佐日記』）
 b．［娘・あて宮を罵られ、正頼は憤る］〔正頼〕「なほ犬、鳥にも呉れて、籠め据ゑたらましものを」【いっそ犬や鳥にでもあげて、大事にしてもらう方がましだ。】 （『うつほ物語』蔵開下）

 さて、「あげる」は元来謙譲語で、「神仏に奉納する」「（上位者に物を）献上する」という意味でした。中世では、現代語の「あげる」に相当する形式として「**やる**」という動詞が使われていましたが、「やる」に対する謙譲語だったわけです。ところが「やる」も中世より前の平安時代では物のやりもらいを表していたわけではありません。「やる」は (7)a「人を遣わす」、(7)b「物を送る」という、現代語よりも限られた意味で用いられています。

(7) a.〔薫→随身〕「宇治へは、常にやこのありけむ男はやるらむ。」
【宇治へは、いつもあのせんだっての男を遣わすのだろうか。】
(『源氏物語』浮舟)

b.［少将は落窪の姫君のところに笛を忘れた］げにかうばしき笛あり。包みて遣る。【なるほどよく香をたきしめてある笛がある。それを包んで少将のところに送る。】　　　　(『落窪物語』)

　その後、鎌倉時代になって、「やる」は一般的な授与にも用いられるようになりました。ここで「やる」と「くれる」の人称的方向性による区別が成立したわけです（古川1995、日高2007）。現代語では「あげる」も謙譲語ではなく、目下の相手に対しても用いられることがありますが、このように敬語の意味が薄れてきたのは戦後に入ってのことです。
　また、室町時代以降、「てやる」「てくれる」など恩恵の授受を表す補助動詞も生まれ、やりもらい表現は整備されていきます。

3　現代語に残る「くれる」の特殊な意味

　現代語の「くれる」は話し手への授与を表す、と述べましたが、実はそうではない用法もあります。たとえば、(8)aは話し手から聞き手（おまえ）への授与、(8)bは話し手の動作が誰かに影響があることを示しています。

(8) a.そんなにほしいんだったら、おまえにくれてやるよ！
b.こんな仕打ちをしたらどうなるか、思い知らせてくれるわ！

やってみよう！

○「くれる」「てくれる」が話し手からの授与、あるいは話し手の動作を表している文を、身の周りの作品から探してみましょう。それらはど

のような表現効果があるのか、話し合ってみましょう。

このような用法はどのように形成されたのでしょうか。「やる」が「くれる」と人称的制約によって機能分担を進めていく中で、中世以降でも「くれる」が話し手から聞き手や第三者への授与を表すときがあります。その中でも「〜てくれる」は特徴的な使われ方をしています。

(9) a.〔山伏→蟹の精〕いでおのれいのりころひてくれう【さあ、おまえ、呪い殺してやろう。】 (『虎明本狂言』蟹山伏)
    b.［大名に対し刀を抜いて］〔昆布売→大名〕ざれ事とはぬかつた事を云、さいぜんからそれがしを、なぶつたがよひか、是がよひか、どうぎりにしてくれふ【冗談とは間の抜けたことをいう。さっきから私を、からかっているのがよいか、これがよいか、胴斬りにしてやろう。】 (『虎明本狂言』昆布売)

これらの表現を見ると、「祈り殺す」「胴斬りにする」など、なんだか恐ろしい表現が並んでいます。現代語でもこういう場面では話し手の動作で「くれる」を使うのがしっくりきますね。話し手の動作の「くれる」「くれてやる」の意味は、古代語の「くれる」がもともともっていた上位者から下位者への授与、という意味が「相手を見下す」というように形を変えて残っているものだといえます。

4 やりもらい表現の整備

さて、現代語のやりもらい表現には先ほど表1で見られたような表現がありました。このような表現は、いつごろ、どのように体系の中に組み込まれたのでしょうか。「くれる」の話し手から聞き手・第三者への授与を「やる」が担うようになり、「やる」と「くれる」の区別ができたというのは、先ほど述べたとおり、鎌倉時代以降です。また、「もらう」は

やりもらい

中世末期までもともと「乞い求める」ということを表す動詞でした。

(10) a．［夏の間に蟻は食べ物を集めていたが、蟬は遊び続けた。］ある冬の半に、蟻どもあまた穴より五穀を出いて、日に曝し、風に吹かするを、蟬が来て、これをもらうた。【ある冬のなかばに、蟻たちがたくさん穴から穀物を出して、太陽にさらして、風に吹かせていたのを、蟬が来て、これを乞い求めた。】
(『エソポのハブラス』)
b．このやうに日ののどかな日わ、磯に出て網人、釣人に手をすり、膝をかがめて魚をもらい【このように日差しののどかな日には、磯に出て網を持った人や釣り人に手をすり、膝をかがめて魚を乞い求め】
(『天草版平家物語』)

(10)aの場面では、「もらうた」あと、あざけられそのあと少しだけ食べ物を与えられたと描かれています。両方の例で「もらう」動作は、「求めることをお願いしている」部分をさしており、単に物をうけとるだけの意味ではないことが分かります。

しかし、『虎明本狂言』では、(11)のように一般的なもののやりもらいにも用いられています。

(11) a．「孫どもあまたござる程に、談合いたひて、べいせんをもらはふと存る。」【孫たちがたくさんいますので、相談して、お米やお金をもらおうと思います。】　(『虎明本狂言』財宝)
b．「さあらはたねをもらひたひ。」【ならば話の種をもらいたい。】
(『虎明本狂言』法定)

もともと「あげる」は「奉納・献上する」という意味、「くださる」は「下す」が語彙的資源で「(上位者が下位者に)下賜する」という意味、「いただく」は「頭の上で掲げる」という意味でしたが、いずれも近世までには、これらの意味にとどまらず、一般的にやりもらいの意味をもつ動

詞として使われるようになりました。これらのやりもらいを表す本動詞が成立したあとに、「〜てくださる」「〜ていただく」のような恩恵のやりもらいを表す補助動詞も成立します。

このように、おおよそ近世までにやりもらい表現が現代語のような体系をなしてきたことが分かります。さらに、単に語彙体系が揃ったというだけではなく、現代語では丁寧に話すためにやりもらい表現は欠かすことのできないものになっています。次の節で、丁寧なことばづかいのためのやりもらい表現について、さらに考えてみましょう。

5　丁寧なことばづかいのためのやりもらい表現

ここまで、話し手に物や利益が来るときのやりもらい表現が近世までに成立したことを見ました。ただし、実際に「くれる」「〜てくれる」を使うのは、必ずしも話し手に利益があるときではありません。たとえば、あなたがいまから先生におみやげを渡すとします。先生に渡すときになんというでしょうか？　たとえば（12）のような表現を使いませんか？

(12)「先生、これ地元の有名なお菓子なんですけど、もしよければ食べてみてください」

先生におみやげを渡すのですから、実際には先生に利益がありそうなところです。しかし、ことばづかいのうえでは「くださる」を使って話し手に利益があるように表現しています。この節では、目上の人物に物を頼む、また勧めるときにどのような表現を用いるのか、という歴史を考えてみましょう。ものを頼む（依頼）は話し手に利益のある行為、勧めることは聞き手に利益のある行為といえますが、このような場面でやりもらい表現はどのように使われてきたのでしょうか。

まず、先ほど見たように、古代には「くれる」「〜てくれる」がありませんでした。身分に応じた敬語使用は行われていますが、物を頼むときと勧めるときで、それほど使う表現に変わりがないようです。

(13) a.［明石入道は娘への期待を源氏に打ち明ける］〔明石入道→源氏〕「まして年月思ひたまへわたるいぶせさを、<u>推し量らせたまへ</u>」【長い年月の間思案を重ねてまいりました親の胸ふさがる気持ちをご推量くださいまし。】［依頼］（『源氏物語』明石）

　　b.〔大徳→源氏〕「今宵はなほ静かに加持などまゐりて、<u>出でさせたまへ</u>」【今晩はやはり静かに加持などなさいまして、明日お発ちになってください。】［勧め］　　　（『源氏物語』若紫）

　古代では誰に利益があるかよりも、行為をする人に応じた敬語を使うことが重要視されていたと考えられます（藤原2014）。
　さて、中世ごろに「～てくれる」「～てくださる」ができます。しかし、中世・近世において、やりもらい表現は必ず使わなければならないものではありません。(14)のように目上に対する依頼のときも、やりもらい表現「くれる」「くださる」を用いないこともあります。

(14) a.［太郎冠者は主に頭を押さえつけられる］〔太郎冠者→主〕「身共をたすきやつたらは、たから物も何もある所をしつた程に、案内者をいたさう程に、<u>命をたすきやれ</u>」【私を助けてくれたら、宝物でも何でもありかを知っているので、案内をいたしますから、命を助けてください】［依頼］

（『虎明本狂言』杭か人か）

　　b.［医師は雷の治療を断る］〔医師→雷〕「まして［雷の］療治を致た事もござなひ程に<u>御めんなされひ</u>」【まして、雷の治療もしたことがないので、お許しください】［依頼］

（『虎明本狂言』雷）

　ところが近代以降、(15)のように目上への依頼のときには「くれる」「くださる」を使わなければならなくなります（森2010）。さらに（12）のように、現代では勧めでも「～てくれる」「～てくださる」を用いる例が増加しています。

(15) ［直道は父に金貸しをやめるように頼む］「私の願です。一生の願ですからどうぞ聴いて下さい」［依頼］　　　　（『金色夜叉』）

　現代では、「〜していただけませんか？」のように疑問の形をとることもありますが、その際にも「いただく」というやりもらい表現を使うことが欠かせません。つまり、近代以降、依頼のときにはやりもらい表現の使用が重要になったと考えられます。

　さらには、やりもらい表現は、依頼のときだけではなく、丁寧なことばづかいとして利用されるようになっています。たとえば、みなさんはゼミなどで「これから発表を始めさせていただきます」のようなことばづかいを聴いた、あるいはいったことがあるでしょうか。心の中では、「やりたくもない発表なのに……」と思ったこともあるかもしれません。このようなことばづかいが求められるということは、現代では、実際の利益のありかが問題なのではなく、利益がある体で話すということが、丁寧さを表すために重要なのだといえます。

やってみよう！

○ 身の周りにある張り紙や案内掲示、周りの人のことばから「させていただきます」を使った表現を探してみましょう。その中には、違和感のない・適切な表現と、違和感を覚える・不適切な表現があると思います。どのようなときに適切になるか、話し合ってみましょう。
　　ヒント：2007年に文化審議会が答申した『敬語の指針』では「させていただく」の例として以下の表現があがっています。
① 相手が所有している本をコピーするため、許可を求めるときの表現。「コピーを取らせていただけますか。」
② 研究発表会などにおける冒頭の表現。「それでは、発表させていただきます。」
③ 店の休業を張り紙などで告知するときの表現。「本日、休業させてい

ただきます。」
④結婚式における祝辞の表現。「私は、新郎と3年間同じクラスで勉強させていただいた者です。」
⑤自己紹介の表現。「私は、○○高校を卒業させていただきました。」

このような「させていただく」の頻用からも、現代語で丁寧なことばづかいをするうえで、やりもらい表現を使うことが重要であることが分かります。

6　敬語とやりもらい表現の関係

ここで、**敬語とやりもらい表現**の関係を振り返ってみましょう。

古代語では、敬語の運用が重視されており、身分に応じて何段階かある敬語を使い分けています。しかし、近世までに現代のようなやりもらい表現体系が整備され、特に近代では運用上も重視されるようになりました。

「くれる」はもともと上位者から下位者への授与を表していましたが、話し手が下位者となり、物や恩恵の与え手を上位者として「くれる」を用いれば、恩恵や授与の与え手を高く待遇することができます。このような運用が固定化し、「くれる」の「～に」に話し手をとる、という人称的制約が成立しました。やりもらい表現の運用によって、その場ごとのやりもらいの関係を上下関係と並行的に用いて表現することによって、相手に対する配慮を行っているわけです。

近代に入り、固定的な身分関係が崩壊して、平等を標榜する社会になると、言語的な配慮のしかたは違ったものにならざるをえません。たしかに固定的な上下関係はなくなりましたが、現代社会では、あまり親しくない人、年下だけど立場は上、など、多様な人間関係の中で配慮しなければなりません。その中で発話場面などにおいて、場面ごと、対人関係ごとに配慮を行う表現が必要となり、やりもらい表現が重要視される

ようになったといえるでしょう。

7 まとめ

　この章では、やりもらい表現の歴史について考えてきました。この章で紹介した「やりもらい表現」の歴史をまとめます。

1. 「くれる」は、現代語では第三者から話し手への授与を表す語彙であるが、古典語では上位者から下位者への授与を表す語彙であった。現代語で見られる「くれてやる」という表現にも、もともとの「くれる」の上位者から下位者へ、という意味が表れている。
2. やりもらい表現は、おおよそ近世までに現代語のような体系が成立してきた。現代では丁寧に話すための表現としてやりもらい表現を用いることが重要になっているが、やりもらい表現の運用が重要視されるのは近代に入ってのことである。
3. やりもらい表現が重要になったのは、堅い身分制度が崩壊し平等な社会が標榜されるようになったことによる。やりもらい表現によって場面ごとの物や恩恵のやりとりの関係を擬似的な上下関係として表示することが、運用上重要視されるようになった。

〈参考文献〉
古川俊雄（1995）「授受動詞「くれる」「やる」の史的変遷」『広島大学教育学部紀要 第二部』44、広島大学、pp. 193-200
古川俊雄（1996）「通時的観点から見た現代日本語における「くれる」の特殊用法」『広島大学日本語教育学科紀要』6、広島大学、pp. 45-52
日高水穂（2007）『授与動詞の対照方言学的研究』ひつじ書房
藤原浩史（2014）「平安時代の依頼・禁止に見られる配慮表現」野田尚史・高山善行・小林隆（編）『日本語の配慮表現の多様性』くろしお出版、pp. 75-92
森勇太（2010）「行為指示表現の歴史的変遷―尊敬語と受益表現の相互関係の観点から」『日本語の研究』6（2）、日本語学会、pp. 78-92

第7章

行ったり来たりの「タリ」って?

動詞・助動詞

この章のポイント

○ 活用体系の変遷について学ぶ。
○ 古典語の助動詞「タリ」と現代語の「タ」「タリ」が、どのようにつながっているかを知る。

---

1 タリって何?

まずは次の会話を見てください。

(1)(良一が友子に電話をかけた)
　　良一:もしもし、友子? いま、何してた?
　　友子:いま? テレビ見たり、マンガ読んだりしてたかなー。

　日常にごくありふれた会話です。みなさんもこのような会話はよくしているのではないでしょうか。ここで、今回注目していただきたいのは、友子のセリフにある「〜タリ〜タリ」という表現です。このタリは、現代語では非常によく使われることばなのですが、「タリって何?」ときか

第 7 章
行ったり来たりの「タリ」って？

れると、答えられる人はほとんどいないのではないでしょうか。
　このようなタリの起源は非常に古く、1000年以上前から用いられている次のような「タリ」に由来するといわれています。

(2) a．あやしがりて、寄りて見るに、筒の中光り<u>たり</u>。【ふしぎに思って、そばに寄って見ると、竹筒の中が光<u>っている</u>。】『竹取物語』
　　b．これは、尚侍の見るべきことどもにこそあめれ。見せ<u>たり</u>や。【これは尚侍が見るべきものであるようだ。もう見せ<u>たの</u>か。】

（『うつほ物語』）

　上記のタリは、中学・高校の古典で習って知っている、という人も多いと思います。学校文法では「〜ている／〜し終わっている」のような存続・完了の意味を表す「**助動詞のタリ**」といわれるものです。しかし、(1) と (2) を比べるといろいろと違う点が発見できるかと思います。形は同じですが、使われている位置が異なりますね。(2) では文末に現れていてタリで文が終わっています。一方 (1) ではタリが文中で2回使われていて「スル」を伴い1つの文を作っています。つまり、タリは古典語から現代語まで非常に長い期間使われつづけてはいるものの、タリを使って文を作る「組み立て方」にはどうも変化があったようだ、ということが分かります。
　ことばの変化の中には、名詞や動詞など文の中心的な意味を担う単語が、新しくできたり意味を変えたりするものがあります。このような単語の変化は比較的目立ちやすいので、みなさんも身近に感じたことがあるかもしれません。しかし、ことばの変化には、助詞や助動詞など文を組み立てるための要素が意味や機能を変えてしまう、どのように文を組み立てるかというしくみそのものが変わる、という変化もあるのです。このような変化を**文法変化**といいます。
　ところで、助動詞のタリは、現代語で過去を表すといわれる「タ」のご先祖でもあります。タリが「タ」になる過程は、次のように想定されています。

(3) タリ → タル → タ

　この変化、一見地味なのですが、実は、**活用体系の変化**という大きな文法変化が関係しています。
　この章では、古典語の助動詞タリがどのように機能や形を変えながら現代につながってきたのか、ということをとおして、文法変化について見ていきたいと思います。

2　活用形にもリストラ…!?

　活用、というのは、日本語の文法の根幹をなす、非常に重要なシステムの1つです。その活用の体系が変わる、ということは、たとえるなら、いままで安泰だと思っていた大企業が、突然別企業の傘下に入って、部署の配置やら給与の体系やら社内の仕組みが大きく変わるようなものです。考えただけで、オロオロしてしまいそうです。日本語の文法にとって、活用体系の変化という歴史的事実は、それくらい一大事なのです。まずは、この活用体系の変化についてお話したいと思います。

第 7 章
行ったり来たりの「タリ」って？

やってみよう！

- 表1・表2に古典語（平安時代）と現代語の動詞の活用の一覧をあげておきます。具体的に、どこがどのように変わったか、考えてみましょう。

表1　古典語　動詞の活用一覧

種類	例語	未然形	連用形	終止形	連体形	已然形	命令形
四段	咲く	さか	さき	さく	さく	さけ	さけ
ラ変	あり	あら	あり	あり	ある	あれ	あれ
上一段	着る	き	き	きる	きる	きれ	きよ
上二段	過ぐ	すぎ	すぎ	すぐ	すぐる	すぐれ	すぎよ
下二段	受く	うけ	うけ	うく	うくる	うくれ	うけよ
ナ変	死ぬ	しな	しに	しぬ	しぬる	しぬれ	しね
カ変	来	こ	き	く	くる	くれ	こ
サ変	す	せ	し	す	する	すれ	せよ

＊下一段活用の「蹴る」があるが特殊なため、ここでは扱わない。

表2　現代語　動詞の活用一覧

種類	例語	未然形	連用形	終止・連体形	仮定形	命令形
五段	咲く	さか（こ）	さき	さく	さけ	さけ
上一段	過ぎる	すぎ	すぎ	すぎる	すぎれ	すぎろ
下一段	受ける	うけ	うけ	うける	うけれ	うけろ
カ変	来る	こ	き	くる	くれ	こい
サ変	する	し	し	する	すれ	せよ

2.1　終止形・連体形の合流

　活用形に目を向けてみましょう。もっとも大きく異なっているのは、終止形と連体形が同じ形になっている、という点です。これは、「**終止形・連体形の合流**」と呼ばれています。具体的には、連体形が終止形の

動詞・助動詞

機能を兼ねるようになり、終止専用の終止形という活用形がなくなる、という現象が起きました。上二段活用の「過ぐ」で見ていきましょう。「過ぐ」は終止形が「過ぐ」、連体形が「過ぐる」という形でした。

(4) a. かくて、宇多の松原を行き過ぐ。その松の数いくそばく幾千歳経たりと知らず。【こうして、宇多の松原を過ぎていく。その松の数はどれほどなのか、幾千年を経たとも分からない。】

(『土佐日記』)

b. ただかく何となくて過ぐる年月なれど【ただこうしてこれといったこともなく過ぎていく年月ですけれど】 (『源氏物語』)

c. さて、おのれは、いかようにして過ぐるぞ。【それでは、おまえは、どのようにして暮らしているのか。】

(室町物語草子集『ものくさ太郎』)

これが鎌倉時代ごろから、通常の文であっても(4)cのように連体形「過ぐる」で文を終止することが多くなっていきます。このような現象のことが終止形・連体形の合流です。この変化は、動詞だけでなく、形容詞や助動詞などすべての活用のある語に起きました。

なぜ、連体形に合流したのか、については、多くの研究がありますが、1つの理由としてあげられるのは、機能負担量の問題です。連体形には、平安時代からもともと文を終止させる用法がありました（**連体形終止**）。

(5) 雀の子を犬君が逃がしつる。伏籠の中に籠めたりつるものを【雀の子を犬君が逃がしてしまったのです。伏籠の中にちゃんと入れておいたのに。】 (『源氏物語』)

連体形は、この連体形終止の他に、係り結びの「結び」になる、連体修飾を作る、**準体句**（コラム参照）になる、助詞・助動詞に接続する、など多くの機能がありました。一方で、終止形は、終止の他は、一部の助動詞に接続するくらいで、連体形に比べれば機能は限られたものでした。

また、もっとも所属する動詞の数が多い四段活用は、もともと終止形と連体形が同形です。つまり、連体形と終止形は別形態である必要があまりなかった、と考えられるのです。連体形は、先述のようにたくさんの機能をもっていて、有能でした。そこで、活用形の合理化が図られ、終止形を廃して連体形が選択される、という現象が起きたと考えられます。簡単にいえば、終止形のリストラです。より有能なものが生き残る……ことばの世界も世知辛いですね。

2.2　二段活用の一段化

　もう1つの大きな違いは、活用型（活用の種類）の減少です。古典語では、（下一段活用の「蹴る」を含めると）全9種類ありました。ところが、現代語では5種類しかありません。つまり、活用の種類にも統廃合がおこったことになります。この活用の種類の統廃合でもっとも大規模なものは、二段活用がなくなったことです。二段活用だった動詞は大挙して一段活用になりました。これを、「**二段活用の一段化**」と呼びます。この変化はタリの変化には直接関わりませんが、文法史においてはとても重要な変化なので、簡単に説明しておきます。

　二段活用は、「過ぎ」「過ぐ」「過ぐる」または「受け」「受く」「受くる」のように[i][u]／[e][u]の二段で活用していましたが、これが「過ぎ」「過ぎる」、「受け」「受ける」のように[i]／[e]の一段で活用するようになりました。二段活用の一段化は、（諸説ありますが）上方では鎌倉ごろから少しずつ始まり江戸中期ごろまでに完了したといわれています。（以下の例は『近松門左衛門集』より）

(6) a. 若い身で、またしては頭痛の、痞^{つかへ}のなんのとは、みな茶屋酒が<u>過ぎる</u>から。粥でも炊いて食はしたか。【若い身で、またしても頭痛の、胸がつかえるのなんのとは、みな茶屋酒が過ぎるからじゃ。粥でも炊いて食わしたか。】　　　　　　（『長町女腹切』）
b. こゝは死ぬる場でないぞ。親に嘆きをかけるといひ。その身もない難<u>受ける</u>こと。【ここは死ぬ場合でないぞ。親に嘆きをか

動詞・助動詞

けるといい、自分自身も無実の非難をうけることになる。】
(『心中万年草』)

なぜ、一段化が起きたのか、という点についても諸説ありますが、これもやはり「**活用の合理化**」が一因であると考えられます。終止形がなくなったことにより、[u]列音は活用形の弁別に関わらなくなりました。そこで、この音をなくし、[i]または[e]に一本化すると活用がより簡単になります。文法変化に限らず、より簡単に・より合理的に、という動機は、言語変化を促進する1つの大きな要因となるのです（第8章参照）。

3　過去になっちゃっ「タ」

「終止形・連体形の合流」という現象は、助動詞タリも例外ではありませんでした。助動詞のタリは終止形がタリ、連体形がタルという形でしたが、平安末〜鎌倉ごろから終止に連体形タルが用いられる例が見られるようになります。

(7)　箭に中り死せる者は意はざるに、父子の中を別れたる。【敵の矢に当たり死んだ者は、思いもかけず突然父子の間を断ち切られてしまった。】
(『将門記』)

この終止・連体形のタルから末尾の「ル」が脱落して現代語のタができました。鎌倉期にはすでに「ル」が脱落したと思われる例があります。

(8)　橋をひいたぞ、あやまちすな。【橋を外しているぞ、気をつけろ。】
(『平家物語』)

さて、このようにタリがタになったころ、実は、形の変化だけでなく機能（意味）の面でも変化がありました。それは、タが「過去」を表すようになった、ということです。現代語では、タといえば「過去」ですよ

第7章
行ったり来たりの「タリ」って？

ね（第4章参照）。しかし、タリは、もともとは「過去」という**テンス**の機能はもっていませんでした。

　鎌倉時代までのタリがどういう機能だったかというと、（冒頭でも少し触れましたが）現代語の「〜ている」に近い「発話時にある（結果の）状態がつづいている」という存続の意味と、「発話時までにある動作をすでにし終わっている」という完了の意味とを表していました（ほかにもタリの機能については、さまざまな考え方があります。野村1994、鈴木1999, 2009、金水2006など参照）。存続や完了のような機能のことを**アスペクト**といいます。アスペクトはテンスと同じく時間に関わるカテゴリーなのですが、テンスとは異なり、ごく簡単にいえば「ある運動がどのような局面にあるか」という動作内部の内的時間に注目する文法形式です（工藤1995、本書コラム参照）。

(9) a．あやしがりて、寄りて見るに、筒の中光り<u>たり</u>。【ふしぎに思って、そばに寄って見ると、竹筒の中が光<u>っている</u>。】
　　　　　　　　　　　　　　　　　　　　　　　　　（『竹取物語』）
　　b．「これは、尚侍（ないしのかみ）の見るべきことどもにこそあめれ。見せ<u>たり</u>や。」とのたまふ。【「これは尚侍が見るべきものであるようだ。もう見せ<u>た</u>のか。」と（帝が）仰る。】　　　（『うつほ物語』）

　完了は「すでに動作が終わっている」という点でテンスと非常に近く、この完了から「過去」が派生したと考えられます。室町時代には、テンスとしてのタが確認されます。

(10) 太刀を抜いて切ってまわれば、面に向ふものはなか<u>った</u>。
　　　　　　　　　　　　　　　　　　　　　　　　（『天草版平家物語』）

　室町時代ごろにはタは存続・完了・過去の機能を有していたのですが、室町末ごろからアスペクトを表す専用の形式として新しく「テイル」が発達し、存続や完了の機能は主に「テイル」が担うようになりました。こ

うしてタは現代語のように主に過去を表す標識となったのです。

4 終止形タリの行方

　連体形タルが形や機能を変え現代語のタへとつながってきた、ということを簡単に見てきましたが、もともとの終止形だったタリはどうなってしまったのでしょうか？ そうです、(1)で見たような「〜タリ〜タリする」のタリとして生き残りました。終止形・連体形の合流にあたりほとんどの活用語の終止形は失われてしまいましたが、タリは本流(「タル→タ」)の変化からは外れ、別の機能をもつようになったことで、生き延びました。では、最後に終止形タリの行方を簡単に追っていきましょう。

　連体形による終止が広がってくるころと時期を同じくして、次のような例が見られるようになります。(11)の例では、「いま急に産気づいたのだけど、もしいまにも生まれたらどうしますか」という文に「夜にはなっているし」という句が入り込んでいるような形で(このような句を挿入句といいます)、文全体の意味から見ると終止形が用いられているにもかかわらず、タリのところで文が終わっているとは考えられません。

(11) 只今俄ニ其景色ノ侍レバ、夜ニハ成ニタリ、若只今ニテモ産レナバ、何ガシ給ハンズル【(娘が臨月になっているがまさか今日とは思わず旅人を泊めた家の主人) たったいま急に産気づいたのですが、夜にはなっているし、もしいまにも生まれたら(あなたはこのままうちに泊まりますか)どうしますか。】　　　　　(『今昔物語集』)

　連体形タ(タル)が普通の終止の機能を担うようになると、「タリ＝終止」というそれまでの強い結びつきが弱まってしまったと考えられます。すると、古い終止形は「切れるような切れないような」微妙な立場になってしまいました。その微妙な立場を利用して、上記のような挿入句を作るための形式として使われるようになったようです。こうして、もともと文末に位置していたタリは、文中に入り込むことになったのです。

第7章
行ったり来たりの「タリ」って？

　細かい過程はややこしいのでここでは説明を省きますが、このような挿入句としてのタリの派生形として、「〜タリ〜タリ」と並べて用いられる用法が生じたと考えられます。14世紀ごろから例が見られるようになります。

(12) a. 皆人ハ重キ鎧ヲ負タリ懐（イダキ）タリシテ入レバコソ沈ケレ【他の人は、重い鎧を背負ったり抱いたりして海に入ったからしずんだのだ】
　　　　　　　　　　　　　　　　　　　　　　　　　（『延慶本平家物語』）
　　 b. 公家カラ俸禄ヲ取ル者ガ田ヲ作タリアキナイヲシタリスル【政府から給料をもらっている者が田を作ったり商いをしたりする】
　　　　　　　　　　　　　　　　　　　　　　　　　　　　　（『史記抄』）

　ちなみに、古典語にはタリと同様の完了という働きをもった助動詞に「ツ」と「ヌ」という2つの助動詞があるのですが、14世紀ごろにはタリと似たような並べて使う用法が見られます。

(13) a. 船ハ浮ヌ沈ヌ漂ヘバ、立タル扇ヒラメイテ、【船は浮いたり沈んだりして漂っているので、（船に）立ててある扇がゆらゆらと動いて】
　　　　　　　　　　　　　　　　　　　　　　　　（『延慶本平家物語』）
　　 b. 早足ノ進退ナルニ乗テ、歩セツアガセツ、屋嶋ノ館ヘゾ馳行ケル。【足の速い屈強な馬に乗って、歩かせたり走らせたりして、屋島の館へ行った。】
　　　　　　　　　　　　　　　　　　　　　　　　　　　　　　　（同）

　このうち、ツによる例は「もちつもたれつの関係」のような慣用句として現代にも残っています。ヌは江戸時代には姿を消してしまったため、現代には残っていません。
　ツやヌにもタリと同様の例が見られることから、このような並べて使う用法にはどうも「完了」の機能が大事だったのだと推測されますが、ここでは指摘するだけにとどめておきます。

動詞・助動詞

> **ココ！：タリの来た道**
> - 終止形・連体形の合流により「タリ→タル→タ」と形を変えた。
> - 鎌倉時代までは存続・完了の機能が主であったが、室町時代ごろに過去の機能が加わり、その後「テイル」の発達に伴って、主に過去を表すようになった。
> - 古い終止形のタリは14世紀ごろから「〜タリ〜タリ」という並べて使う用法が生じ、現在まで残っている。

5 まとめ

　この章では、タリの変化とその背景となる活用体系の変遷を見てきました。まとめると、次のようになります。

1. 日本語史においては、中世頃を中心として、終止形・連体形の合流と、二段活用の一段化という活用体系の大きな再編があった。この変化には、いずれも活用体系の合理化が関わっている。
2. タリは終止形・連体形の合流に伴い、タリ→タル→タと形を変えた。同時期、完了・存続を表していたものから、過去を表す標識へと変化した。古い終止形タリは、並列を表す形態へと変化したことで現代まで残った。

　以上みてきたように、助動詞タリは、形や機能を徐々に変化させながら現代語へとつながってきたのです。
　タリのように、文法の変化というものは、何百年もの長い時間をかけて少しずつ、けれど確実に、働きや文の組み立て方が変わっていくというものです。少しずつしか変わらないので、変化の途中では、必ず古い形と新しい形が混在する時期が生じてしまいます。この新旧両形の混在

第7章
行ったり来たりの「タリ」って？

時期においては、往々にして新しい形というのはより若い世代が多く使い手になることから、批判の対象になったり、正しくない形と認識されたりします。

たとえば、現在進行形の文法変化として有名なのは「**ら抜きことば**」（本書コラム参照）といわれる現象です。ここで述べた終止形・連体形の合流などとは異なりますが、ら抜きことばの変化にも活用の合理化が関わっています（井上1998など）。文法変化としては、ごく正当（？）なもので理にかなっているのですが、未だに「正しい形」としては一般には認められていませんね。

終止形・連体形の合流や二段活用の一段化なども、現代ではあたり前となっていますが、変化の只中にある時にはあまり快くは思われていなかったのかもしれません。ことばというのは、そのような紆余曲折を経て、次世代につながっていくものだということを、ぜひ覚えておいてほしいと思います。

調べてみよう！

- 形容詞は、古典語では終止形が「青し」「暗し」「悲し」でしたが、現代語では「青い」「暗い」「悲しい」となっています。どのような変化が起きたのでしょうか。調べてみましょう。
- ラ行変格活用だった「あり」やナ行変格活用だった「死ぬ」は現代語ではどのような活用になっているでしょうか。また、なぜそのような活用になったのでしょうか。考えてみましょう。

〈参考文献〉
井島正博（2007）「中古語完了助動詞の体系」『国語と国文学』84（8）、東京大学、pp. 54-67
井上史雄（1998）『日本語ウォッチング』岩波新書

金水敏（1995）「いわゆる「進行態」について」『築島裕博士古希記念国語学論集』汲古書院、pp. 169-197
金水敏（2006）「日本語アスペクトの歴史的研究」『日本語文法』6（2）、日本文法学会、pp. 33-44
工藤真由美（1995）『アスペクト・テンス体系とテクスト―現代日本語の時間の表現』ひつじ書房
鈴木泰（1999）『古代日本語動詞のテンス・アスペクト：源氏物語の分析（改訂版）』ひつじ書房
鈴木泰（2009）『古代日本語時間表現の形態論的研究』ひつじ書房
坪井美樹（2001）『日本語活用体系の変遷』笠間書院
野村剛史（1994）「上代のリ・タリについて」『国語国文』63（1）、京都大学、pp. 28-51
福嶋健伸（2002）「中世末期日本語の～タについて―終止法で状態を表している場合を中心に」『国語国文』71（8）、京都大学、pp. 33-49

準体句

文中で、名詞として働く語句のまとまりを名詞句といいます。このような名詞句の一種に、文相当に助詞「ノ」をつけて、名詞句として文中に埋め込むものがあります。

(1) a. ［友達が来るの］が見えた。
　　 b. ［テーブルの上にあるの］を食べた。

格助詞ガ、ヲがついていることからも分かるように「友達がくるの」や「テーブルの上にあるの」は名詞として働いています。この「ノ」は純粋な名詞ではありませんが、[[テーブルの上にある]連体修飾句 リンゴ主名詞]名詞句と並行的に、[[テーブルの上にある]連体修飾句 ［の］主名詞]名詞句というように「ノ」を主名詞とする名詞句ととらえることができます。現代語では、このような主名詞なしに「*テーブルの上にあるを食べた」のようにいうことはできません。

一方、古典語においては、次のように「ノ」(や他の名詞)がなくても同様の名詞句を作ることができました。

(2) a. ［かの白く咲ける］をなむ、夕顔と申しはべる。(『源氏物語』)
　　　【［あの白く咲いておりますの（花）］を、夕顔と申します】
　　 b. この翁は、［かぐや姫のやもめなる］を嘆かしければ、(『竹取物語』)
　　　【この翁は、［かぐや姫が独り身であるの（こと）］を、嘆かわしく思っていたので】

ただし、主名詞がないにもかかわらず「咲ける」「やもめなる」のように連体形(「る」は助動詞「り」の連体形、「なる」は「なり」の連体形)になっている、という点がポイントです。古典語においては、連体形はそのままで、つまり主名詞がなくても、名詞句になることができました。このような連体形の働きを「準体法」と呼び、準体法の連体形が作る全体として名詞相当となる句(例文［　］の部分)を「準体句」と呼びます。このような準体句は、古典語では頻繁に用いられており、係り結びの成立や接続助詞「が」「に」「を」の発達、主格助詞「が」の発達など、さまざまな文法変化に関係する、古典語の重要な特徴の1つです(近藤2000などを参照)。

準体句は、室町時代から江戸時代にかけて次第に用いられなくなり、江戸時代末頃から「ノ」が付されるようになったのですが、現代語においても準体句の名残りが見られることがあります。例えば、「町に行くのに便利だ」や「行くのではないか」という時に「町に行くに」や「行くではないか」のように「ノ」が現れない言い方が、東北や東海、中部、山陰方言などに見られます。標準語でも「〜するがいい」や「〜するに及ばない」といった慣用句に残っています。

第8章

なぜ方言があるの?

方言

この章のポイント

○ 日本語にはなぜ方言があるのかを学ぶ。

---

1 なぜ方言があるのか?

　この章では、方言などを手がかりにして、日本語の多様性について考えてみます。方言というと「なぜ方言があるのか」という疑問を抱く人が多いと思います。ここでは、方言のさまざまな話を始める前に、この問題から入りたいと思います。この問いは、真面目に考えると日本語の成立に関わる大きな問題で、未だに分かっていないこともあります。しかし、問いをひとまず最近の方言の話に限定することで、問題が見えやすくなるのではないかと思います。

1.1 地域差が生まれるパターン

　「**方言**」という語は、「**ことばの地域差**」といいかえられます。したがって上の問いは、「なぜことばの地域差が生まれるのか」と問うていることになります。それについて考えるために、まずは「どんな状態から」

第8章
なぜ方言があるの？

地域ごとにことばの違いが現れるようになったのか、という点を考えてみましょう。少なくとも図1のような3パターンが考えられます。

図1は、現在の状態（方言Xと方言Yがある状態）に至る変化を模式的に示したものです。図の上側の点と線の模式図は、方言の親子関係を表しています。たとえばパターン（a）は、Zという方言からXとYという2つの方言が生まれるということを表します。

図の下側の2つの四角も同じ情報を表しますが、こちらは空間の中でみた場合にその変化がどのようにおこるかを示したものです。上の四角が変化前の状態、下の四角が変化後の状態を表しています。たとえば（a）は、ある地域（四角囲みの中の空間）全体で方言Zが話されていた状態から変化がおこり、左側の地域では方言Xが話されるようになり、右側の地域では方言Yが話されるようになる、ということを表しています。

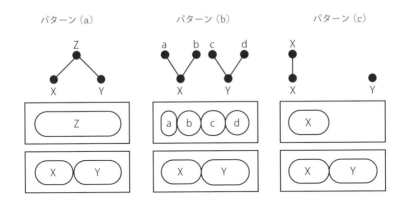

図1　言葉の地域差が生まれるパターン

（a）は、ことばの地域差がなかった状態（方言Zだけの状態）から地域差が生まれることを想定しています。たとえば日本で考えると、「全国的に同じことば（たとえば「標準語」）が話されていたのに、時間が経つと地域によって違うことばになるのはなぜか」というのが（a）を想定した場合の問いです。

(b) は、ことばの地域差は昔からあったのだが、その違いはいまよりも大きかった、という状態を想定するものです。この想定に立つと、冒頭の問いは「昔はことばの地域差が大きかったのに、なぜいまはことばの地域差が小さくなってきているのか」と問うていることになります。

(c) は、たとえば山を切り拓いたり海岸を埋め立てたりして、これまで人がいなかったところに新たな言語共同体が発生することを想定しています。

「なぜことばの地域差が生まれるのか」という問いに戻りますと、この問いで想定されているのは上の (a) か (c) のパターンでしょう。(b) の状態を思い浮かべる人は「地域差が生まれた」とは考えないはずだからです。

1.2 言語地図で昔の日本語を見てみよう

このように問いを具体的にしたうえで、実際はどうだったか見てみましょう。まず、(a) と (b) は正反対の変化を想定していますので、どちらがありそうか考えてみましょう。

図2は、国立国語研究所というところが作製した『**日本言語地図**』のうち「**ものもらい**（麦粒腫）」（第112図）を分かりやすくまとめたものです（佐藤2002）。『日本言語地図』は、全国2,400地点で同じ質問をして、その回答に記号を割り当て、地図の上に描いたものです。このような地図を言語地図と呼びます。

この図は1868年（明治元年）〜1936年（昭和11年）生まれの人に調査した結果ですので、約120年前の日本語の状態を示しているといえます。この地図といまの日本語を比べてみると、この120年でどれくらいことばが変わったのかということを読み取ることができます。

さて、図から「ものもらい」を意味するいろいろな表現が分かりますが、「オヒメサマ」や「インノクソ」「バカ」など聞き慣れない表現があります。聞いたこともないものがたくさんあるということは、ことばの地域差は現在よりも大きかったということになります。つまりここ120年ほどは、上の (b) の変化をたどったわけです。したがって、日本全

第8章
なぜ方言があるの？

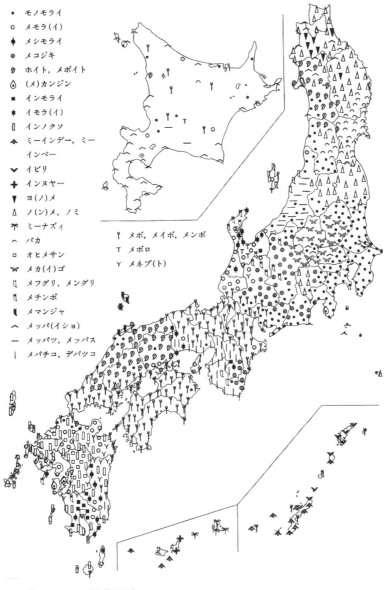

図2 「ものもらい」（佐藤2002）

体で考えた場合、もともとことばの違いがかなり大きかったのが、だんだんと似通ってきているわけです。

1.3　狭い地域ではどうか？

　ここまでは、全国的な視点で日本語を見ましたが、もっと狭い地域、たとえば、みなさんが住んでいる市区町村の中でもことばが違います。この場合は、上の（a）〜（c）すべてがおこりえます。それぞれについて考えてみましょう。

　まず（a）は、2つの地域が何らかの原因で交流しなくなることによっておこることが考えられます。「何らかの原因」には、市区町村の境界、県境、藩領の境界など政治的なものや、河川・山など地理的なもの、そして「あそこには行きたくない」など心理的なものまでさまざまあります。また、新しいことばが広がりつつある地域でも（a）の変化がおこります（本章「5.方言の伝播」図4の時代1〜2の状態）。たとえば近畿一帯で「ものもらい」を「メイボ」と呼んでいたとします。ところが大阪で「メバチコ」という新しい表現が発生し、徐々に広がったとします。この途中段階では、大阪周辺＝メバチコ、それ以外の近畿地方＝メイボという（a）のパターンになるわけです。

　次に（b）は、たとえば、市区町村合併や道路・鉄道などの敷設によって人の交流のしかたが変わりますが、これをうけてことばも変わっていくということが考えられます。

　最後の（c）は、もともと誰も住んでいなかったところ、あるいは日本語を話す人が住んでいなかったところへ、日本語話者が移住していくというものです。大規模なものでいえば北海道（アイヌ語が話されている地域）への移住があり、小規模なものではニュータウンの形成などが考えられます。

　北海道やニュータウンのことばは、周りの地域とは異なることが多く、移住した人が持ちこんだいろいろな地域のことばがその土地で混ざり合い、その中で地域共通語的なものが形成されていくようです。これが、その土地の新しいことばになっていきます。もし、新しく人が移り住ん

だ地域と近隣地域の接触があまりない場合は、そのことばの違いが残ったままになります。逆に移住先の地域と近隣地域が長い間接触しつづけると、徐々に似てきていずれ均質的なことばが話されるようになります（上の (b) のパターン）。

2　ことばのバリエーション

2.1　日本語の多様性

先ほどからいわゆる「方言」を「ことばの地域差」といいかえたりしていて、回りくどいと思われたかもしれません。実は、この「方言」という用語は**社会言語学**という分野で専門用語としても使われていて、それが一般的な意味での「方言」と少し異なるので、なるべく使わないようにしていました。ここでは、その「方言」という概念をとりまくお話をしましょう。

一般的な意味での「方言」という語は、「同じことを表すためのいい方が地域によって異なる」ということをさすことがあります。たとえば、学校の下駄箱の前にはよく「すのこ」がおいてありますが、滋賀県ではこれを「ミザラ」と呼びます。同じ「すのこ」という物をさすわけですが、地域によって「スノコ」「ミザラ」といい方が変わるわけです。この「同じことを表すための異なったいい方」を、専門用語で「**言語変異** (linguistic variation)」あるいは単に「**バリエーション**」といいます。いったん方言から離れて、日本語の中のバリエーションを探してみると、実にたくさんあります。たとえば次のようなものがそうです。

(1) おれ・ぼく↔あたい・わたくし、～だぜ↔～だわ…
(2) ものもらい↔めいぼ・めぼ・めばちこ…
(3) チョッキ↔ベスト、「彼氏」というときのアクセント：「カ<u>レシ</u>」↔「<u>カ</u>レシ」（下線部を低く発音）…
(4) 行く↔いらっしゃる、妻↔愚妻、学生だ↔学生です…
(5) 昼ご飯↔ランチ、牛乳↔ミルク…

2.2 バリエーションを整理する

上の（1）～（5）はいずれもバリエーションの関係にありますが、日本語社会ではこれらのバリエーションが何らかの基準で使い分けられています。具体的にいうと、（1）～（3）は「話し手がどんな人か」（以下、**話者の属性**と呼びます）が分かれば、どの表現を使うかが予想できるバリエーション、（4）は「話し手がおかれた場面」が分かれば、どの表現を使うかが予想できるバリエーションです。（5）は「話し手の属性」と「話し手がおかれた場面」の両方が関わるバリエーションといえます。もう少し詳しくみてみましょう。

まず、（1）は話し手が男性か女性かで使い分けられています。男性なら矢印の左側の語を、女性なら右側のことばを使う傾向にあります。この他にも「行くワヨ」を女性が多く使うといったバリエーションがこのタイプに入ります。ただしこれはあくまでも傾向で、男性でも改まった場面では「ワタクシ」ということがありますし、また最近では「ボクっ娘」と呼ばれる、自分を「ボク」と呼ぶ女性も増えてきているようです。

次に（2）はどうでしょうか。「メイボ」や「メバチコ」という語に馴染みのない人もいるかもしれません。これはそれぞれ京都・滋賀と大阪・奈良・兵庫・和歌山で「ものもらい」を表すいい方です。つまり、話し手の生育地が分かれば、どのいい方を使うかがある程度予想できるバリエーションというわけです。

（3）は話し手が若い人か年配の人かが分かれば、どちらを使うかが予想できます。つまり、話し手の年齢、あるいは世代によって整理できるバリエーションといえます。

ここまでの例は、すべて「話し手がどんな人か」が分かれば、どの表現を使うかがある程度予想できるバリエーションでした。これに対して（4）は、話者の属性が分かっても、どちらを使うか予想できません。同じ人間が「行く」ということも「いらっしゃる」ということもあるからです。では、何を基準に使い分けているでしょうか？おそらく話し相手だったり、話題にしている人物だったり、話し手のおかれた状況（面と向かって話すのか、テレビ番組の収録で話すか、など）だったりが関わっていると

思う人が多いでしょう。このような、聞き手や話題、状況などをまとめて「**場面**」と呼びます。つまり、(4) のバリエーションは「話し手がおかれた場面」によって整理できるバリエーションといえます ((5) についてはあとで説明します)。

2.3 「方言」と「スタイル」

ここでもう少しだけ専門用語の解説をしておきます。上のように、バリエーションの現れ方を整理するには、「話者の属性」と「場面」の2つの観点があるわけです。前者は、「話し手が変わればことばも変わる」という立場でバリエーションをとらえるのに対して、後者は「同じ話し手でもおかれた状況が変わればことばが変わる」という立場でバリエーションをとらえるわけです。

ここでやっと「方言」の話に戻ります。方言学や社会言語学という学問分野では、前者の観点で整理できるバリエーションを「方言」(dialect) と呼びます。一方、後者の観点で整理できるバリエーションを「**スタイル**」(style) あるいは「**レジスター**」(register) と呼びます。したがって、上の (1) ~ (3) は「方言」の観点で整理した方がよいバリエーション、(4) は「スタイル」の観点で整理した方がよいバリエーションということになります。

上の (1) ~ (3) は (専門用語の)「方言」だと書きました。このうち、「話者の生育地」という属性によって整理できる方言 (2) を「**地域方言**」と呼びます。これが、一般的に使われている「方言」という語がさすものです。以降の章でも「地域方言」を表すために単に「方言」とだけ記します。生育地以外の属性によって整理される方言は「**社会方言**」と呼ばれます。社会方言には、(1) のような性差、(3) のような年齢差 (世代差) のほか、社会集団による違い、言語意識による違いなどさまざまなものが入ります。社会方言の例を少しあげておきましょう。(6) ~ (7) が社会集団による違い、(8) が言語意識によることばの違いの例です。

(6) キャンパス用語:「サイリ」(再履修)、「チャイ語」(中国語) など多

くの大学で通用するものから、「インラン」(国際基督教大学の「Introduction to Language」という科目名の略)、「下山する」(大阪大学豊中キャンパスから出る；キャンパスが山の上にあるため)など、特定の大学でしか通用しないものまで、さまざまなものがある。

(7) 集団語：「kwsk」(詳しく)、「わかりみがマリアナ海溝」(よく分かる)などのネットスラングや、「川上さんがいらっしゃいました」(万引きが発生した)、「ザギンでシースー」(銀座で寿司)、ゴマハン(京都の祇園で「短時間の花代ですぐ席を立つ、お茶屋にとってあまり好ましくないお客」)のような特定の職業でのみ用いられる隠語なども含まれる。

(8) 言語意識：「関西人」アイデンティティが強い人は東京に行っても関西弁で貫きとおすが、「東京人」になりたい関西人は東京弁を話そうとする、など。

以上の点を整理すると、次のようになります。

(A) 方言…話者の属性によって整理できるバリエーション
 (A-1) 地域方言…話者の生育地によって整理できる
 (A-2) 社会方言…話者の生育地以外の属性によって整理できる
(B) スタイル／レジスター…話者のおかれた場面によって整理できるバリエーション

一見すると上のように方言とスタイルは明確に分けられそうです。しかし、実際にはどちらの観点でも整理できそうなバリエーションもあります。たとえば先の(5)は「方言」の観点で整理すると、年齢(「ランチ」「ミルク」は若い人が使いやすい)や話者の性別(「ランチ」「ミルク」は女性が使いやすい)、また生育地(「ランチ」「ミルク」は首都圏の人が使いやすい)で整理できそうです。一方で、同じ話し手が両方の表現を使うということが考えられますので、「スタイル」としても整理できそうです。

このように、実際のバリエーションは方言かスタイルか、はっきりと

区別できないものもたくさんあります。実は、関西弁や東北弁のように、従来は地域方言として整理されてきたことばも、最近はスタイルやレジスターとしてとらえた方がよいこともあります。たとえば、東京で生まれ育った女子高生が「分かったでごわす」のように、鹿児島弁の（と思っている）方言形式を使うことで、「男気のある」キャラクタを演じることがありますが、これなどは地域方言をレジスターとして活用している事例といえるでしょう。

3 なぜバリエーションがあるのか？

先に1.3で「なぜことばの地域差が生まれるのか」という問いに対して、「それを話す人々の交流が断たれるから」という理由を出しました。これは、上の（A-1）の部分について説明したことになります。それでは、すべてのバリエーションが「交流の分断」で説明できるでしょうか？

たとえば、日本語でことばの男女差が現れるのは男性集団と女性集団の交流が断たれているからだ、といえるでしょうか。同様に、ことばの年齢差が現れるのは、若者と老人の交流が断絶しているからだ、といえるでしょうか。このように考えると、「地域方言」も含めたバリエーショ

ンが現れるのには「人間の交流の断絶」以外の理由もあることが分かります。これまでの研究から、バリエーションが現れる理由を大雑把にまとめると、「交流の分断」の他にも、(i) 言語が変化する過程、(ii) 社会が言語変異を求める、のようなものがあります。

　まず、男女差について考えてみましょう。「女らしさ」や「男らしさ」が求められた時代は、服装・振る舞い・ことばづかいの点で男女の違いが顕著でした。男性と女性の社会的な役割を分ける（分けていた）日本語社会で、ことばの男女差は大きかったわけです。しかし近年では社会の中で男女を平等に扱おうという方向に動いています。それと対応しているのか定かではありませんが、ことばの男女差も日本語社会から消えつつあります。したがって、ことばの男女差は (ii)「社会が言語変異を求める」が関係していそうです。一方、ことばの年齢差は、(i)「言語が変化する過程」と関係していそうです。早くに生まれた人はそれだけ古いことばを話し、最近生まれた人は新しいことばを話すと考えれば、同じ言語・方言の中に現れる年齢差は、言語変化を反映している可能性が高い、といえます。このように、バリエーションが生まれる要因は1つだけではなく複数のものがあり、これらの要因が同時に働くこともあるわけです。

4　なぜことばは変化するのか?

　前節では、言語共同体内にバリエーションが生まれる理由として「言語が変化する過程」というものをあげました。どんな言語でも必ず、常に変化しつづけています。ある時代を生きている人にとってみれば言語は不変のものと思えるかもしれませんが、明治時代の日本語と平成の日本語を比べてみても分かるように、確実に変化してきています。

　では、なぜことばは変化しようとするのでしょうか。この点について少し考えてみましょう。ことばが変化する要因として次のようなものが考えられます。以下では、言語を例にしていますが、方言の場合にもあてはまります。

第8章
なぜ方言があるの？

  (a) 自律的変化：言語が変化する要因がその言語内部にある
    (a-1) できるだけ楽をしたい
    (a-2) 分かりやすく表現したい
    (a-3) 新しい表現をしたい
  (b) 接触による変化：他言語との接触によって言語が変化する

　ことばが変化する動機は大きく2つに分けられます。(a)「**自律的変化**」は、放っておくと言語が勝手に変化するということです。まず (a-1)「楽をしたい」というのは、発音や語形作り、表現の点で楽な方へと変化する傾向にあるということです。たとえば、「体育」の発音はたいていの人が「タイク」と言っていて、「タイイク」とわざわざ「イ」を2回いう人は少ないのではないかと思います。これは発音上、楽をしようとする方向へ変化が進んでいることの現れです。

　発音だけでなく表現でもこの動機は働きます。たとえば、筆者は、以前「とりま」という表現を耳にしたことがあり、まったく意味が理解できなかったのですが、使用者に聞いてみると「とりあえず、まあ」の略だったわけです。これも2つの単語を1つにして楽をするという点では (a-1) のタイプに入るでしょう。

　次の (a-2)「分かりやすく表現したい」は、語形と意味の対応関係が単純な方向に変化するというものです。何を「分かりにくい」とするかは、時代や地域、そして最終的には個人ごとに異なりますが、多くの場合、以下のような状態が「分かりにくい」状態です。

  (i) 話者が聞いたこともない発音や単語
  (ii) 形と意味の対応関係が複雑
    (ii-1) 1つの形に複数の（異なる）意味が対応している
    (ii-2) 複数の形で1つの意味を表す（＝バリエーション）

　最後の (a-3)「新しい表現をしたい」は、人と少しだけ異なる表現を使いたいという動機です。ことばはその人がどんな人かを表すという点

では、ファッションに通ずるところがあります。人とあまりに違うファッションはオシャレではなく「奇抜」とうけとられますが、人と大部分共通していて少しだけ人と異なるファッションはオシャレだと思われます。言語もこれと同じで、「とりま、ビーハイ」(とりあえず、まあ、ビールとハイボール)のように一般的な日本語との違いがあまりに大きいと意思疎通の妨げになりますが、「とりま、ビールください」のようにほんの少し新しい表現を取り入れるだけだと、人とは少し違う日本語になるわけです。

　以上、代表的な自律的変化の要因をあげましたが、これらの動機は変化を促進することもあれば阻害することもあります。たとえば、(a-1)の例として「とりま」をあげましたが、これは(a-2)の点からすると、話者が聞いたことがないもので、1つの形式に複数の意味(「とりあえず」と「まあ」)が対応しているので、かなり分かりにくい表現です。逆に(a-3)の点からみると新しい表現なので、積極的に取り入れる方向に変化したくなります。つまり、この場合、(a-1)(a-3)が変化を促進する方向で働き、(a-2)が変化を阻害する方向で働いているわけです。このように、言語とは複数の変化の動機がバランス関係を保っていて、それが崩れたところから変化がおこっていくようです。

　言語変化のもう1つの要因が(b)「**接触による変化**」です。これは、言語と言語が接触する(厳密には、ある言語の話者と別の言語の話者が接触する)ことによっておこる変化です。これは「ことばの地域差」と関係があるので、次節で詳しくみていきましょう。

5　方言の伝播

　前節で、ことばは常に変化している、と書きました。この「ことばが変化する」とは、具体的にどうやっておこるのでしょうか。単に1人の人間が新しいことばを使い始めるだけでは、言語の変化とはいえません。1人の話者が使い始めた新しいことばを別の人も使うようになってはじめて、言語が変化したといえるのです。つまり、新しいことばが生まれ、それが定着するには、ある人間から別の人間に伝わっていくことが必要な

第8章
なぜ方言があるの？

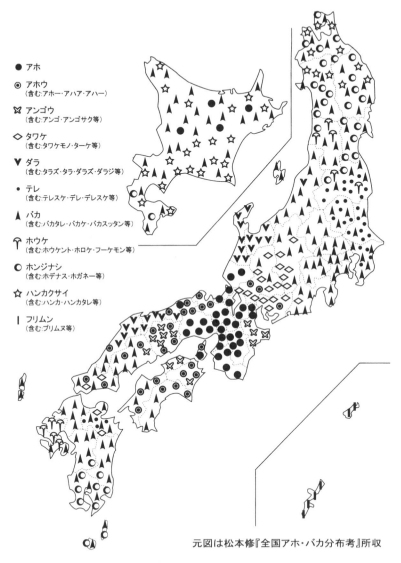

図3　アホ・バカ分布図（庵他2003）

わけです。この、「人から人にことばが伝わる」ことが「**言語接触**」です。

新しいことばが日本語話者全体に広がるまでには長い時間がかかります。新しいことばが広がっていくときに、特定の集団から始まり、それ以外の集団に広がることがあります。このような変化の途中段階では、新しいことばは「**集団語**」として日本語の中に存在することになります。

たとえば「聴牌（テンパイ）」というのは麻雀用語ですが、聴牌の状態になることを「テンパる」ということが「麻雀をする人たち」の集団で始まりました。これが徐々に広がっていくのですが、あくまでも麻雀用語として「麻雀をする人たち」の集団でしか使われない時期がありました。したがって、この時期の「テンパる」は「麻雀をする人たち」の集団語にしかすぎなかったわけです。

ところが、この「テンパる」が「あと一枚であがり・準備万端」という本来の意味から、「精神的な限界まであと少し・あっぷあっぷの状態」という意味に転じつつ、麻雀集団以外にも広がっていきます。こうして「テンパる」は、単なる集団語から日本語話者の（ほぼ）全員が理解できる語へとなるわけです。この例のように、ある時期にある話者が使い始めた新しいことばは、長い時間の接触を経て日本語全体へと浸透していきます。「テンパる」の例は麻雀集団からそれ以外の集団へという変化でしたが、若者からそれ以外の年齢へ（年齢差）、女性から男性へ（性差）など、いろいろな社会集団から広がっていくこともあります。

さて、「接触による変化」が「ある地域に住む話者から別の地域の話者へ」という形でおこり、それが「**地域方言**」として現れることがあります。これを「**地理的伝播**」と呼びます。まずは、地理的伝播の結果、どのような地域差が現れるのか、具体例を見てみましょう。図3は、「アホ・バカ」にあたる表現の全国分布を示した言語地図です。この地図のもととなる資料は、「探偵ナイトスクープ」という番組でプロデューサーをつとめた松本修さんという方が、番組で調査した結果を『**全国アホ・バカ分布考**』（1993年、太田出版）という本にまとめられたものですが、図3はそれを簡略化したものです（庵他2003より）。

図から読み取れることを大雑把にまとめると、近畿に「アホ」という

第 8 章
なぜ方言があるの？

語形があり、その両側に「アホウ」、さらに外側に「アンゴウ」、さらに外側に「タワケ・ダラ」、さらに外側に「バカ・テレ」、さらに外側に「ホウケ」、さらに外側に「ホンジナシ」という分布を示します。「ハンカクサイ」は東北のみ、「フリムン」は沖縄のみに分布しますので、それぞれの地域特有の語形と考えられます。

　一方、「アホ」〜「ホンジナシ」の語形は、近畿を中心として同心円状に分布しています。方言学では、このように「ある地点を中心にして同心円状に語形が分布する状態」を**周圏分布**と呼びます。この「周圏分布」は、多くの場合、地理的伝播の過程が地域差となって現れたものです（そうでないこともあります）。ということは、周圏分布から「どうやってことばが伝わったのか」を探ることができるのです。この、周圏分布から語の歴史を推定する解釈方法を**方言周圏論**といいます。

　方言周圏論では、周圏分布が生まれる背景に、図4のような過程があったと想定します。

	周辺		中心		周辺	
時代1			←A→			
時代2		←A	←B→	A→		
時代3		←A	←B	←C→	B→	A→
時代4	←A	←B	←C	←D→	C→	B→	A

図4　言語伝播による周圏分布の成立

　「時代1」のときは中心部（アホ・バカ分布図の場合は近畿地方）にA（たとえばホウケ）という語形が使われていました。それが周辺部に広がっていくのが「時代2」です。ところが語形A（ホウケ）が広がっていく間に、中心部では新たな語形B（たとえばバカ）を使い始めます。その結果、「時代2」は、中心に語形B（バカ）が現れ、その両側に語形A（ホウケ）が現れる、という分布ができあがります。「時代3」〜「時代4」ではこれがくり返されます。その結果、「時代4」では、中心部にD（アホ）、その少し外側にC（アンゴウ）、さらに外側にB（バカ）、もっとも外側にA（ホウケ）という分

布（周圏分布）ができあがるわけです。

　この想定に立つと、外側にある語形が古く、内側にある語が新しい、と解釈できます。このように「方言周圏論」は、地理的伝播の時間差が地域差となって現れたと仮定して、語の歴史を推定するわけです。

　ただし、最近の研究では、この「方言周圏論」に疑問を投げかける立場もあります。方言の地理的分布についてさらに詳しく知りたい方は、大西（2016）を読んでみてください。

　このようにして、言語接触の過程がことばの地域差となって現れることもあるわけです。最初の「なぜ方言があるのか」という問いに戻ると、「ことばが変化する過程」が地域差となって現れる、というのもその理由としてあげられるわけです。

6　まとめ

　この章では次のことを学びました。

1. なぜ方言があるのか
2. 日本語の多様性にはどのようなものがあるか
3. なぜことばは変化するのか

　日本語の歴史をみても分かるように、日本語は常に変化しています。その変化は、現代の日本語の方言や年齢差、集団差として現れます。この「人によってことばが違う」ことに注目すると、これから日本語がどのように変化していくかを予想することができるようになります。

やってみよう！

○ みなさんが話す地域方言は（専門用語の）「方言」として整理した方がよいでしょうか。それとも「スタイル」として整理した方がよいでしょ

うか。これは地域や年齢によって異なります。どんな場面で地域方言を使うかを思い浮かべてみると、考えやすくなるでしょう。
○ この章であげた例以外にもバリエーション（同じことをいうための異なったいい方）はたくさんあります。みなさんが使うことばで、バリエーション関係にあるものを探してみてください。そして、それがどのような「話し手の属性」や「話し手のおかれた場面」によって使い分けられるのか、考えてみてください。

〈参考文献〉
井上史雄（2003）『日本語は年速一キロで動く』講談社
庵功雄・日高水穂・前田直子・山田敏弘・大和シゲミ（2003）『やさしい日本語のしくみ』くろしお出版
大西拓一郎（2016）『ことばの地理学―方言はなぜそこにあるのか』大修館書店
大西拓一郎（編）（2016）『新日本言語地図―分布図で見渡す方言の世界』朝倉書店
金水敏・渋谷勝己・乾善彦（2008）『日本語史のインタフェース』岩波書店
国立国語研究所（1968）『日本言語地図 第3集』大蔵省印刷局
佐藤亮一（監修）（2002）『お国ことばを知る方言の地図帳』小学館
真田信治（2000）『脱・標準語の時代』小学館
真田信治（2002）『方言の日本地図―ことばの旅』講談社
真田信治（編）（2006）『社会言語学の展望』くろしお出版
真田信治・陣内正敬・渋谷勝己・杉戸清樹（1992）『社会言語学』おうふう
真田信治・ダニエル=ロング・朝日祥之・簡月真（編）（2010）『改訂版 社会言語学図集―日本語・中国語・英語解説』秋山書店
徳川宗賢（編）（1979）『日本の方言地図』中央公論新社
徳川宗賢・真田信治（編）（1991）『新・方言学を学ぶ人のために』世界思想社
松本修（1996）『全国アホ・バカ分布考―はるかなる言葉の旅路』新潮文庫

第9章

指示詞

「そうだ京都、
行こう。」の「そう」は
何をさしている？

この章のポイント

○「これ・それ・あれ」など、さし示すことば（指示詞）について学ぶ。

1　そうだ京都、行こう。

　みなさん、京都は好きですか？　長い歴史に支えられたたしかな伝統、四季折々で変わる美しい自然、京料理……。さまざまな魅力から京都は日本だけでなく世界から注目され、今日も多くの観光客でごった返しています。
　ところで、上のようなキャッチコピーを聞いたことがありますか？　これはJR東海が平安遷都1200年を記念して行ったキャンペーンが始まりなのだそうですが、現在もつづいています（http://souda-kyoto.jp/）。
　このキャンペーンの「そうだ」には、何かを思いついた、というようなニュアンスがあって、思いつきでふらっと京都へ行ってみよう、京都はそんな魅力をもっている、というような気分がとてもよく伝わってきます。この「そうだ」の「そ」は、指示詞といわれています。みなさんが高校までで習ったことばでいうと「こそあ（ど）ことば」です。「指示

111

第9章
「そうだ京都、行こう。」の「そう」は何をさしている？

詞」というくらいですから、何かをさしているのですが、上の「そうだ」は、いったい何をさしているのでしょうか？

2 目の前のものをさすか、ことばの中のものをさすか

まずは、指示詞のタイプについて紹介しておきましょう。指示詞という呼び方は、いろいろな品詞にまたがって「こそあ（ど）」という**形態素**（意味をもつ最小単位）を共通にもっていることばをまとめて呼ぶいい方です。佐久間（1951）は、次のような表に指示詞をまとめました。

表1 日本語の指示詞

	"近称"	"中称"	"遠称"	不定称
もの	コレ	ソレ	アレ	ドレ
方角	コチラ	ソチラ	アチラ	ドチラ
	コッチ	ソッチ	アッチ	ドッチ
場所	ココ	ソコ	アスコ	ドコ
もの人（卑）	コイツ	ソイツ	アイツ	ドイツ
性状	コンナ	ソンナ	アンナ	ドンナ
指定	コノ	ソノ	アノ	ドノ
容子	コー	ソー	アー	ドー

（佐久間1951: 7より引用。原文縦組み）

表1を見て分かるように、指示詞は、代名詞（コレ、コチラ、ココ、コイツ；以下、コで代表させますがソ／アも同じです）、連体詞（コンナ、コノ）、副詞（コー）というように、複数の品詞にまたがって存在していることが特徴的です。

指示詞は、大きく分けて、①目の前にあるものをさす用法、②ことばの中にあるものをさす用法、③頭の中の記憶にあるものをさす用法に分けられます。①を**現場指示用法**、②を**文脈指示用法**、③を**記憶指示**といいます。

指示詞

やってみよう！

○ 現場指示用法の使い方について、考えてください。どのようなルールによって「こそあ」が使い分けられていますか？

3　現場指示用法—人称区分と距離区分

　上の問題を、私が教えている学生に聞くと、多くの場合2とおりの答えが返ってきます。それは、次のようなものです。

　　A．自分に近ければコ、相手に近ければソ、どちらでもなければア
　　B．近ければコ、遠ければア、真ん中くらいならソ

どうですか？　おそらくみなさんの感覚も、A・Bのうちのどちらかではないでしょうか。では、このA・Bの答えのうち、どちらが正しいのでしょうか。

(1)　(CさんがDさんに、Dさんの近くにあるペンをさして)
　　　C：ねえ、ちょっとそれ取って。
　　　(ブラジルに留学しているDさんと電話していて)
　　　C：そっちはいま冬？
(2)　(道でばったり会った友達に、50mほど離れたスーパーをさして)
　　　C：いまさ、そこのスーパーで卵安売りしていたよ。早く行って買ってきなよ。
　　　(タクシーの運転手さんに、10mほど前をさして)
　　　C：運転手さん、そこの自動販売機のところでおろしてください。

(1)を見ているとAの方が正しそうです。DさんはCさんにとって「聞

き手（あなた）」であって、Cさんは「聞き手（あなた）」のいる場所や、そこにある物をさしてソレ／ソッチと言っています。一方(2)では、ソコは「聞き手（あなた）」がいる場所ではありません。ソコはいま自分がいる場所から少し離れたところにあって、近くもなく遠くもないという気持ちで使われていると思われます。

　そうです。AとBは、実はどちらも正解なのです。日本語は、私（1人称）に近い、あなた（2人称）に近い、それ以外（3人称）に近いという基準と、私から近い、遠い、その間くらいという、2つの基準で指示詞を使い分けています。「私－あなた－それ以外」という前者の方法は、英語の"I-you-he/she"に似ていることから**人称区分**と呼ばれています。後者は話し手からの距離によって区別するということで、**距離区分**と呼ばれています。

表2　日本語の現場指示用法

人称区分		距離区分	
話し手（私）（1人称）	コ	近い	コ
聞き手（あなた）（2人称）	ソ	近くも遠くもない	ソ
それ以外	ア	遠い	ア

　なお、距離区分で用いられる指示詞は圧倒的に場所を表すココ、ソコ、アソコです。人称区分で用いられる指示詞はコレ・ソレ・アレであったりコノ・ソノ・アノであったりとさまざまです。

4　文脈指示用法

　さて、指示詞には目の前にはないものをさす用法があります。まずは、ことばの中に対象がある用法です。

(3)　A：いい人がいるのよ。その人、かっこよくてお金持ちよ。
　　　B：え？　私にぴったりじゃん！　会わせてよ、その人に。

(4) A：先生、再婚したらしいよ
　　B：何その話？　聞いてない。

　この場合、「その人」は前の文に出て来た「(Aさんの知り合いの) いい人」を、「その話」は「先生が再婚したという話」をさしています。このような指示詞の使い方を指示詞の**文脈指示用法**といいます。文脈指示用法は、文のどこかに (ほとんどは指示詞より前に)、その指示詞がさすものと同じもの (**先行詞**) があります。

5　記憶指示と共有知識

　指示詞にはもう1つ、「記憶の中にあるイメージ」をそのままさすという用法があります。これを「**記憶指示**」と呼びます。記憶指示は、イメージをそのままさすので、現場指示用法に近いものです。このような指示詞の特性を「**直示的**」であるといいます。記憶指示には、現代日本語ではアが用いられます。
　注意しておいてほしいことは、文脈指示とは先行詞を「ことばとして」さすということです。このような指示詞の特性を「**非直示的**」といいます。この点が現場指示用法と決定的に違います。(5) を見てみましょう。

(5) 昨日行った居酒屋、すごくよかったよ～。今度 {あそこ／そこ}
　　に行こうよ。

　「あそこ」がさしているのは、話し手 (たとえばあなた) が実際に行って知っている居酒屋のイメージです。頭の中にある写真のようなもの、といえば分かりやすいでしょう。一方、「そこ」でさされているものは前の文の「昨日行った、すごくいい居酒屋」です。
　「ことば」は便利です。相手がその「ことば」の意味を知っていれば――この場合は、相手が日本語が分かれば――あなたが「昨日行った居

第9章
「そうだ京都、行こう。」の「そう」は何をさしている？

酒屋、すごくよかったよ〜」といえば、相手に「話し手（あなた）が昨日行った居酒屋があって、すごくよかった」ということが伝わります。ソを使って話すというのは、そういうことです。相手が知らない情報を伝えることができるのは、「ことば」のおかげです。

一方、「あそこ」でさすというのは、自分のイメージを使うということですから、相手がその居酒屋を知らない場合には、相手はあなたの頭の中にあるイメージがどんなものか分からずに困ってしまいます。ですから、基本的にはソとアの使い分けには次のようなルールがあるといわれています。

(6) a. ソを使うのは、聞き手が知らないものを説明するときである。
　　 b. アは、聞き手が知らないときには原則使えない。

イメージを伝える必要が特にない場合、たとえば「俺が子どもだったあのころは……」や、知らないということを批判する場合、（授業を休んだ学生がいると分かっていながら）「こないだ説明したあれ、テストに出すからね」は、アを使っても大丈夫です。ですから「原則」使えないとしています。

6　古典語の指示詞

次に、古典語の指示詞は、現代語と同じでしょうか？　答えはノーです。次の表を見てください（「こそあど」の「ど」である、「どこ・どれ」などの不定語は除きます）。

表3　現代・古典語（中古）の指示詞

現代語	指示代名詞		指示副詞
コ系	コノ・コレ・ココ	コ系	コウ・コウシテ・コンナニなど
ソ系	ソノ・ソレ・ソコ	ソ系	ソウ・ソウシテ・ソンナニなど
ア系	アノ・アレ・アソコ	ア系	アア・アアシテ・アンナニなど

古典語	指示代名詞		指示副詞
コ系列	コノ・コレ・ココ	カク系列	カク（カウ）・カヤウニ・カクバカリなど
ソ系列	ソノ・ソレ・ソコ	サ系列	サ（シカ）・サヤウニ・サバカリなど
カ系列（ア）	カノ・カレ・カシコ（アノ・アレ・アシコ）		

注：現代語と古典語を分けるため、現代語は「−系」古典語は「−系列」としてあります。

表から分かるように、現代語では**指示代名詞・指示副詞**ともすべてコ・ソ・ア3系でまとめられますが、古代語の場合、指示代名詞には、コ・ソ・カ（ア）3系列、指示副詞にはカク・サ2系列と、一見してその違いが分かります。

さて、この表からどのような疑問が浮かぶでしょうか？

7　いつ現代語と同じ体系になる？

いつ現代語と同じになるかについては、いろいろな側面からの説明が必要です。大きく分けると、【1】語彙的な側面（指示代名詞の古典語「カ」と現代語「ア」、指示副詞の古典語「カク・サ」と現代語「コ・ソ・ア」）、【2】用法的な側面（①現場指示用法・②文脈指示用法のそれぞれ）でしょう。まず、【1】語彙的な側面から説明していきましょう。

第9章
「そうだ京都、行こう。」の「そう」は何をさしている？

7.1 【1】語彙的な側面

　上代では、指示代名詞コ・ソ系列はすでに見られるのですが、カ系列は例が少なくア系列はありません。そして、カ系列は中古になると多く用いられるようになり、中世以降に次第に衰退していきます。ア系列は中古では例はまだわずかで、中世以降多くなっていきます。

　次に指示副詞は、上代からカク・サ系列は見られ（ただしサ系列は「シカ」のみ）、中古になると「シカ」は漢文訓読文に偏り、和文で「サ・サヤウニ」などが現れるようになります。そして、中世になると以下のようにコ・ソ・アの3系列が現れ、カク・サ系列が次第に衰えていきます。

　以下の例は、鎌倉時代に成立した『平家物語』と、その『平家物語』を室町末期のことばに口語訳した『天草版平家物語』です。2つを比べると、中世の間におこった変化がよく分かります。

○カク「**カヤウ**」→コ「**コノヤウ**」

（7）忠仁公、昭宣公より以降、摂政関白の<u>かかる</u>御目にあはせ給ふ事、いまだ承り及ず　　　　　　　　　　　　　　（『平家物語』殿下乗合）

（8）まことに昔から今まで、関白殿ほどの人が<u>このやうな</u>目にあはせられたことは、聞きも及ばぬことぢゃ　（『天草版平家物語』巻1第2）

○サ「**サヤウ**」→ソ「**ソノヤウ**」

（9）入道「なんでう、<u>さやうの</u>あそび者は、人の召しにしたがうてこそ参れ。」　　　　　　　　　　　　　　　　　　（『平家物語』祇王）

（10）清盛なんぢゃ？　<u>そのやうな</u>遊び者わ人の召しに従うてこそくるものなれ　　　　　　　　　　　　　　　（『天草版平家物語』巻2第1）

　なお、近世に「（カク→カウ→）コウ」「（サ→サウ→）ソウ」になり、「アア」も近世でやっと見られるようになることから、現代語とほぼ同じ体系に整うのは近世と考えられます。

7.2 【2】用法的な側面

用法的な側面については①の現場指示用法からお話ししましょう。古典語も現代語も指示代名詞は3つあるけど、指示する領域は同じなの？といったところでしょうか。

これについては、ソに大きな違いがあります。実は、古代語のソ系列は、そもそも現場指示用法をもっていなかったと考えられます。以下に示す例のように、現代語のソ系の領域と考えられるところを指示していたのは、中古ではカ（ア）系列であったと考えられます。

(11) 御几帳のもとに落ちたりけり。これはいかなる物どもぞと御心おどろかれて、「かれは誰がぞ。けしき異なる物のさまかな。たまへ。それを取りて誰がぞと見はべらむ」【それは誰のです。見慣れぬ変なものだが】　　　　　　　　　　　　（『源氏物語』賢木）

(12) 戸をやをら押し開くるに、老いたる御達の声にて、「あれは誰そ」とおどろおどろしく問ふ。わづらはしくて、「まろぞ」と答ふ。【「そこにいるのは誰です」と大げさに尋ねる。小君は面倒なと思い「私です」と答える】　　　　　　　　　　　　（『源氏物語』空蟬）

ただし、わずかですが中古でも、以下のような現場指示用法のソも見いだせます。

(13) 奥の人はいと静かにのどめて、「待ちたまへや。そこは持にこそあらめ、このわたりの劫をこそ」など言へど　（『源氏物語』空蟬）

そして、ソ系列は中世末期には現場指示用法を獲得したと考えられます。これについては、先と同じ『平家物語』と『天草版平家物語』から分かります。

(14) ふところより白いぬのにつつんだる髑髏を一つとりいだす。兵衛佐、「あれはいかに」との宣へば、「これこそわとのの父故左馬頭

第9章 「そうだ京都、行こう。」の「そう」は何をさしている？

　　殿のかうべよ。」　　　　　　　　　　　（『平家物語』福原院宣）

(15) 白いぬので包んだ髑髏を一つ取り出いたれば、頼朝それわ何ぞと問わるるに、これこそをん身の父左馬頭殿の頭でござれ。
　　　　　　　　　　　　　　　　　　　（『天草版平家物語』巻2第9）

　次に②の文脈指示用法です。これについては、古典語と現代語、あまり違いはありません。現代語で文脈指示用法をもつ「コ・ソ」とも、古典語でも同様に文脈指示用法をもっていました。

(16) しきたへの　枕は人に　言問へや　その枕には［其枕］　苔生しにたり【枕は人に物をいいましょうか。その枕には苔が生えていますよ】　　　　　　　　　　　　　　　（『万葉集』巻11、2516）
(17) 針袋　これは賜りぬ［己礼波多婆利奴］すり袋　今は得てしか翁さびせむ【針袋、これはいただきました】（『万葉集』巻18、4133）

8　そうだ京都、行こう。

　最後に「そうだ京都、行こう。」についてお話ししておきたいと思います。「そうだ」のソは何をさしているでしょう？　なんとなく、突然思いついた、というようなニュアンスを感じないでしょうか。その他にも、「そういえば、それはそうと、それにつけても」など、なんとなく、「思いつき、思い出し」というようなニュアンスを感じる使い方が、ソ系指示詞にはあります。これらは記憶をさしていると考えることができないでしょうか。
　実は古典語ににも、ソ系列指示詞の記憶指示と見られる例があります。

(18) さるべき契りこそはおはしましけめ。そこらの人の譏り、恨みをも憚らせたまはず【ああなるお約束が、おありになったのだろう】　　　　　　　　　　　　　　　　　　　（『源氏物語』桐壺）

この例は、桐壺帝のおそばにお仕えする人々が、亡くなった桐壺更衣と桐壺帝との仲について話しているところです。2人は前世からの運命的な仲だったのですね。
　現代語のこのような「ソ系指示詞の記憶指示」が、古典語の記憶指示とどのような関係があるのか、はっきりしたことは分かっていませんが、もし歴史的に関係があるのだとしたら、とてもおもしろいですね（堤・岡﨑2014）。

9　まとめ

　この章では、以下の指示詞について学んできました。

1. 指示詞の用法：「現場指示用法」と「文脈指示用法」
2. 「現場指示用法」における指示領域について：「人称区分」と「距離区分」
3. 文脈指示用法：「ことばとしてさす」非直示的
4. 記憶指示：「記憶の中にあるイメージをそのままさす」直示的
5. 古典語の指示詞：現代語とほぼ同じ体系になるのは近世

　指示詞はこれまで多くの研究があるのですが、まだまだ、明らかになっていないこともあります。
　ぜひ参考文献もあわせて読んでみてください。

〈参考論文〉
岡﨑友子（2010）『日本語指示詞の歴史的研究』ひつじ書房
金水敏・田窪行則（編）（1992）『日本語研究資料集　指示詞』ひつじ書房
佐久間鼎（1951）『現代日本語の表現と語法［改訂版］』厚生閣
堤良一（2012）『現代日本語指示詞の総合的研究』ココ出版
堤良一・岡﨑友子（2014）「ソ系（列）指示詞の記憶指示用法について」『日本語学会平成25年春季大会予稿集』pp. 119-126

方言コスプレ

みちお「腹が減ったでごわす」
みほ「居酒屋なんて、いやどすえ」
りょういち「ビールが待ち遠しいぜよ」
ともこ「ってゆーか、もう飲んでるやん！」

　この人たちのことばはどんなイメージでしょうか？　みちおは朴訥な西郷隆盛キャラ、みほはかわいい舞妓さんキャラ、りょういちは男気ある坂本竜馬キャラ、ともこは面白い関西人（大阪人）キャラではないでしょうか。このように「打ちことば」（メールやメッセージなどで使われる、くだけた文体の書きことば）や会話の中に方言をちりばめて使う行動を「方言コスプレ」と呼びます（田中2011）。方言を用いたことばのコスプレというわけです。方言コスプレに使われる方言は話し手の母方言である必要はなく、またそれがホンモノの方言で使われている必要もありません。多くの人が「○○方言っぽい」と思っていればいいのです。

　方言コスプレにはよく使われる方言とそうでない方言があります。田中（2011）には2007年に首都圏大学生265名におこなった意識調査の結果があります。それによると、大阪（114）・京都（45）・北海道（21）・福岡（14）・沖縄（13）・東京（12）・広島（12）……の順で方言コスプレに使われやすいことがわかりました（（）内は回答者数）。関西弁が大人気で、西日本・北海道・東京方言がそれに続くというわけです。逆に北陸や東海地方の方言は使われにくいようです。使われやすさを決めるのは、特徴的な表現（いかにも○○方言っぽい表現）があることと、明確なイメージがあることの2つです。たとえば大阪弁は「なんでやねん」（お笑い）、「もうかりまっか」（拝金主義）、「どつくぞ」（ヤクザ・怖い）など特徴的な表現とイメージが浮かびます。一方、たとえば石川弁は、明確なイメージを思い浮かべにくく、いかにも石川方言っぽい表現もないので、方言コスプレには使いにくいのです。

　方言コスプレで喚起されるイメージは、方言やその話し手のイメージ、そしてその方言が話されている地域のイメージが元になっています。たとえば「〜やん」「なんでやねん」という大阪弁には、「面白い」（方言イメージ）、「つっこみキャラ」（話し手イメージ）、「食い倒れの街」（地域イメージ）が付随します。これは役割語の「関西弁（大阪弁）」ステレオタイプと同じですね。ちなみに他方言のイメージは、「かわいい」イメージを持つのが京都、「かっこいい」が東京・大阪、「あたたかい」が沖縄、「素朴」が東北（青森）、「怖い」が大阪・広島、「男らしい」が九州、「女らしい」が京都、という結果でした（田中2011）。

　方言コスプレは、ドラマの方言指導（金水・田中・岡室2014）や、「方言萌え」（田中2016）とも関連があります。興味があれば参考文献を読んでみてください。

第10章
あなた、誰に言ってるの？

この章のポイント

○ 命令表現と敬語の運用の地域差を学ぶ。

1　命令表現

　日常生活で、誰かに何かをしてほしいときはたくさんあると思います。最初にひとつ、そんなときに使うことばのアンケートをしてみましょう。

　あなたに弟・妹がいるとします。弟・妹がなかなか起きないので、起きるようにいうとき、なんというでしょうか？

第 10 章
あなた、誰に言ってるの？

> **試してみよう！**
>
> この質問を周りの人にしてみましょう。その回答を、その人たちの出身地と一緒にまとめてみましょう。

　高校までに習った文法では「**命令形**」という形があって、「起きろ」「起きよ」という形があてはめられていたかと思います。もちろん「起きろ」を使う人もいるかと思いますが、一方で「起きろ」という表現はきびしすぎるので、使いにくいという人も多いのではないでしょうか。まずはそのような**命令表現**の地域差を観察してみましょう。

2　日本各地の命令表現

　国立国語研究所が、1979年〜 1982年の間に、方言の文法や表現法に関する全国調査を行いました。その成果は『**方言文法全国地図**』としてまとめられています。

　さて、その『方言文法全国地図』の調査には「朝いつまでも寝ている孫に向かって起きるようにやさしくいうとき」「それでも起きないのできびしくいうとき」の2場面でどのようにいうか、という項目があります（209 〜 214図）。図1、図2にはその回答を三井はるみ氏が編集し直した略図を掲載しました（三井 2006）。あなたの地域はどのような表現を使っているでしょうか？　あなたが回答するとしたら、どのような表現を回答しますか？

　まず、図1「やさしく」の場面を確認しましょう。三井氏の分類に沿って形式を確認しておくと、「**活用形類**」の形式は全国に広く見られます。「活用形類」とは、オキロ・オキヨという、高校で習った文法で命令形といわれている形式、およびそれが変化した形式のことをさします。東北地方に見られるオキレは、東北地方で一段動詞の命令形の語尾が体系的

図1 「起きろ」(やさしく) の形式と分布 (三井2006)

第10章
あなた、誰に言ってるの？

に「レ」の形をとるために見られる現象です。また、近畿地方ではオキーという形式が見られますが、これは学校文法の連用形と同じ形をした命令表現で、五段動詞「行く」なら「イキ」という形で命令を行うものです（以下、連用形命令と呼ぶことにします）。

次に敬語をもとに作りだされた「**待遇表現類**」を確認しましょう。オキナサイ・オキナハレの三角記号は全国的に分布していますが、ここには尊敬語ナサルから成立したさまざまな語形が含まれています。オキナハレは近畿地方のみで、他にも、オキンサイ（中国地方）、オキナイ（近畿～中国地方）といった語形もあります。同じナサルを由来とするオキナは関東を中心に分布しています。また、富山県では尊敬語ラレルを由来とするオキラレがまとまって分布しています。

また、「**否定疑問類**」は「オキンカ」「オキンネ」などの否定表現と疑問形を組みあわせた形ですが、これは九州地方に見られます。

次に図2「きびしく」の場面を見てみましょう。「きびしく」の場面では、おおよそ富山県・岐阜県より西の地域で「イカンカイ」のような「否定疑問類」が広く見られており、近畿地方や中国・四国地方でまとまった分布があります。一方、東日本では、オキロやオキレなど、「命令形類」の回答が多いようです。

さて、やさしくの場面ときびしくの場面を比較してみましょう。東日本では両方の場面で「命令形類」が用いられていました。つまり、命令表現の場面による差は（この地図の情報からは）あまりないと考えられます。しかし、西日本では、やさしくの場面では「待遇表現類」が多く見られているのに対し、きびしくの場面では「否定疑問類」が見られており、用いられる形式が変わっています。また、近畿・中国地方には命令形類がないのではなく、『方言文法全国地図』の他の図（85～91図）の回答を見ると、「命令形類」に相当する形式もあります。つまり、西日本は東日本と比べると多様な表現形式をもち、それを場面によって使い分けている、という傾向があるように見えます。

さて、命令表現のこのような傾向は何を意味しているのでしょうか。命令表現は、聞き手に対し、話し手が何らかの行為を実行させようとす

図2 「起きろ」(きびしく) の形式と分布 (三井2006)

るものであり、その使い方は**対人配慮**の意識と切り離せないものです。命令表現を例にしていえば、西日本では対人関係の違いによって形式を敏感に使い分けているのに対し、東日本では対人関係の違いを形式にはあまり反映しない、ということになります。次に、対人配慮という面で関係が深い**敬語**の使い方を見ていきましょう。

3 敬語の分布

　『方言文法全国地図』でも敬語が取り上げられた調査文があります。ここでは、「月に何回手紙を書きますか？」という調査文の回答を見てみましょう。図3は「その土地の目上の人に向かって、非常に丁寧に」という設定、図4は「近所の知り合いの人に向かって、やや丁寧に」という設定です。

　これを確認すると、図3の方が敬語形式の回答が多く、全国多くの地点で敬語を用いた回答が見られます。日本の広い地域で敬語が根づいている、ということはいうまでもないでしょう。

　しかし、どの程度敬語を用いるか、については地域による差がありそうです。たとえば、図3を注意深く見てみると「その土地の目上の人に向かって、非常に丁寧に」という設定でも敬語を用いていない「書く」（｜）の回答があります。特に、岐阜県・長野県以東の東日本に多いようです。その地域差は、図4でさらに顕著です。敬語を用いない回答の地点が図3よりも増えており、特に東日本では広い地域でこの回答が目立ちます。

　一方、西日本に目を向けると、特に近畿・中国地方では、図3・図4ともにほとんどの地域で敬語の形式が回答されています。近畿・中国地方の使い分けを詳しく見ていきましょう。図3では、近畿地方において「オ書キニナリマスカ」「書カレマスカ」というような標準語でも用いられる形式が回答されています。ところが、図4では「オ書キニナリマスカ」という形式はほとんど見られず、「書カレマスカ」の回答も減っています。代わって見られるのは「書カハリマスカ」のような**ハル類**、あるいは「書イテデスカ」のように「～テ」＋コピュラ「ヤ／ジャ」の形をとる**テヤ類**です。中国地方では、「書キンサルカ」が使われています。この「ンサ

図3 「書きますか」（非常に丁寧に）（大西2006）

ル」は「ナサル」からできているため、**ナサル類**です。ここから、近畿・中国地方では、相手が誰かによって複数ある敬語形式の中から適切な形式を選択し、使い分けている、ということが分かります。

　このことから、近畿地方や中国地方は、日本語の中でも待遇表現が豊かな地域だと考えることができます。一方の東日本は、近畿・中国地方と比較すると、待遇表現が単純といえるでしょう。このように、西日本は待遇表現が多く、東日本は待遇表現があまり多くない、あるいはあるとしても運用上の重要度が低い、ということを加藤正信氏は「**西高東低**」と表現しています（加藤1973）。『方言文法全国地図』の観察からもそのことが見える結果となっています。

4　さまざまな敬語の使い方1―五箇山方言

　さて、ひとくちに敬語の使い方（運用）といっても、さまざまなあり方があります。この節と次の節では、敬語の運用の地域差について、詳しく調べた研究を取り上げて、その違いを見ていきたいと思います。近畿地方と同様、複数の敬語形式をもつ富山県の五箇山方言と滋賀県の八田方言を取り上げます。

　まず、真田信治氏はご自身の出身地である、富山県の五箇山地域・真木集落で、方言の敬語の使い方を調べました。真田氏は集落の人々全員を対象とし、ある人が集落の人に出会ったとき、「どこへ行くのか」と聞く場面でどのようなことばづかいをするのか、一人一人調べていきました。その結果が図5です。リーグ戦の星取り表のようなまとめ方をされているので、「**リーグ戦式調査法**」と呼ばれています。

　話し手の欄の記号は、アルファベットが家柄（本家か、分家か）、数字は年齢、それに男女が示されています。五箇山には伝統的な敬語の形式が2つあり、1つは「〜ッサル」（イカッサル：●）、もう1つは「〜ヤル」（イキャル：○）です。また、当時の五箇山で新しい敬語の形式として使われ始めていた「〜レル」（イカレル：＜）もあります。たとえば、u家88歳の女性はk家86歳の男性に「どこにイキャルか」と聞き、n家84歳の男性には

図4 「書きますか」（丁寧に）（大西2006）

「どこにイカッサルか」と聞く、ということです。

これを見ると分かるのは、同じ話し相手に対して集落の人が待遇する形式がほとんど同じだということです。たとえばn家の73歳女性は自分より年上の人からも年下の人からも最高の敬語である「イカッサル」で待遇されています。同様に、その下、u家の66歳女性も自分より年上の人からも年下の人からも「イキャル」で待遇されています。伝統的な敬語の運用では、年上か年下かという年齢の条件はあまり重要ではないようです。

話し手＼話し相手	u 88 女	k 86 男	n 84 男	k 83 女	n 73 女	u 66 女	j 65 女	k 58 男	t 52 男	t 52 女	a 48 男	a 46 女	n 44 男	j 43 男	n 43 女	k 44 女	j 39 女	t 33 男	t 27 女	n 22 男	a 21 男	t 19 女	k 17 女	j 16 女	k 15 男	j 14 女
u 88 女		○	○	○	○	○	○	○	○	○	○	○	○	○	○	○	○	<	○	○	○	○	<	<	<	<
k 86 男	○		○	○	○	○	○	○	○	○	○	○	○	○	○	○	○	<	○	○	○	○	<	<	<	<
n 84 男	●	●		●	●	●	●	●	●	●	●	●	●	●	●	●	●	●	●	●	●	●	<	<	<	<
k 83 女	○	∗	○		○	○	○	○	○	○	○	○	○	○	○	○	○	<	○	○	○	○	<	<	<	<
n 73 女	●	●	○	●		●	●	●	●	●	●	●	●	●	●	●	●	●	●	●	●	<	<	<	<	<
u 66 女	○	○	○	○	○		○	○	○	○	○	○	○	○	○	○	○	<	○	○	○	<	<	<	<	<
j 65 女	○	○	○	○	○	○		○	○	○	○	○	○	○	○	○	○	<	○	○	○	○	<	<	<	<
k 58 男	○	∗	○	○	○	○	○		○	○	○	○	○	○	○	○	○	<	○	○	○	○	<	<	<	<
t 52 男	○	○	○	○	○	○	●	○		●	○	●	○	○	●	●	●	<	○	○	●	○	<	<	<	<
t 52 女	○	○	○	○	○	○	○	○	∗		○	●	○	○	○	○	○	<	○	○	○	○	<	<	<	<
a 48 男	●	○	●	●	●	●	●	○	○	●		<	●	●	●	●	●	<	<	●	∗	●	<	<	<	<
a 46 女	●	○	●	●	●	●	○	○	●	●	∗		○	●	●	●	<	<	<	<	∗	<	<	<	<	<
n 44 男	●	●	○	●	●	●	●	●	●	●	○	●		●	●	●	●	<	<	∗	●	<	<	<	<	<
j 43 男	○	○	○	○	○	○	○	○	○	●	○	●	○		●	○	<	<	<	●	<	<	<	<	<	<
n 43 女	●	●	○	●	○	●	●	●	●	●	○	○	∗	●		●	<	<	<	∗	●	<	<	<	<	<
k 44 女	○	○	○	○	○	○	○	∗	○	○	○	○	○	○	○		<	<	○	○	○	<	<	<	<	<
j 39 女	○	○	○	○	○	○	○	○	○	○	○	○	○	∗	○	○		<	○	○	○	○	<	<	<	<
t 33 男	●	●	●	●	●	●	●	○	○	●	○	<	○	○	<	<	<		<	<	<	<	<	<	<	<
t 27 女	∗	○	○	○	○	○	○	○	∗	∗	∗	<	○	○	<	○	<	<		<	<	<	<	<	<	<
n 22 男	○	∗	∗	∗	∗	●	●	∗	∗	●	∗	<	∗	<	∗	<	<	<	<		∗	<	<	<	∗	<
a 21 男	○	∗	∗	○	○	<	●	∗	∗	<	∗	∗	∗	●	<	<	<	<	<	∗		<	<	<	∗	<
t 19 女	∗	∗	∗	∗	∗	∗	○	∗	∗	∗	∗	<	∗	<	<	○	<	<	<	∗	∗		<	<	∗	<
k 17 女	∗	∗	∗	∗	∗	∗	∗	∗	∗	∗	∗	∗	∗	∗	∗	∗	∗	∗	∗	∗	∗	∗		<	∗	<
j 16 女	∗	∗	∗	∗	∗	∗	∗	∗	∗	∗	∗	∗	∗	∗	∗	∗	∗	∗	∗	∗	∗	∗	∗		∗	∗
k 15 男	∗	∗	∗	∗	∗	∗	∗	∗	∗	∗	∗	∗	∗	∗	∗	∗	∗	∗	∗	∗	∗	∗	∗	∗		∗
j 14 女	∗	∗	∗	∗	∗	∗	∗	∗	∗	∗	∗	∗	∗	∗	∗	∗	∗	∗	∗	∗	∗	∗	∗	∗	∗	
外来者（イ）	●	●	●	●	●	●	●	●	●	●	●	<	<	<	<	<	<	<	<	<	<	<	<	<	<	<
外来者（ロ）	●	●	●	●	●	●	●	●	●	●	●	●	●	●	●	●	●	●	<	<	<	<	<	<	<	<
外来者（ハ）	●	●	●	●	●	●	●	●	●	●	●	<	●	<	<	●	●	<	<	<	<	<	<	<	<	<
外来者（ニ）	●	○	○	●	○	●	●	○	○	●	○	●	○	○	●	○	○	<	<	<	<	<	<	<	<	<
外来者（ホ）	●	○	○	○	○	<	●	○	○	●	<	<	<	<	<	<	<	<	<	<	<	<	<	<	<	<
外来者（ヘ）	●	○	○	●	○	●	●	○	○	●	○	●	○	○	●	○	○	<	<	<	<	<	<	<	<	<

［凡例］●イカッ・サル　（イ）町部から赴任している先生　（ニ）隣集落から来る豆腐屋
○イキ・ヤル　（ロ）隣集落から来る僧侶　（ホ）町部から来る売薬商
<イカ・レル　（ハ）町部から来る僧侶　（ヘ）隣集落から来る集金人
∗イク・φ

図5　五箇山方言の敬語の運用（真田1973）

では五箇山地域で、敬語を使用するうえで重要な条件は何だと考えられるでしょうか。これは、家柄がポイントになりそうです。図5からはn家、a家の人々はイカッサルで待遇されている人物が多いのに対して、u、j、k家の人々はイキャルで待遇されることが多いことが分かります。真田氏は、この地域の家柄をn家が上位、a、t、u家が中位、j、kが下位と説明していますが、それにおおよそ合致した敬語の運用がなされているといえるでしょう。

5　さまざまな敬語の使い方2—滋賀県八田方言

　さて、宮治弘明氏もご自身の出身である滋賀県甲賀郡水口町八田地区で同様のリーグ戦式調査をしています。八田方言で興味深いのは、場面による敬語の使い方の差です。

　まず、話し相手にどう待遇するかを確認しましょう。図6を見ると、話し相手に「どこに行くのか」と尋ねる時には、ほとんどの人が敬語を使わないイク（〇）を用いています。一部「イカハル」類（△系統）、イカル（◈）を用いる人もいますが、大勢は敬語を使わない形です。

　それに対して、その場にいない話題の人物を待遇するときは、違う使い方をしています。図7は調査者（宮治氏、当時22歳）と話をするときに「〇〇は明日旅行に行く」と伝えるときに「行く」のところにどのような形式を使うのかを示したものです。これを見ると、今度はほとんどの人が何らかの敬語形式を用いていることが分かります。もっとも多い回答はイカル（◈）ですが、イッキョル（▣）、イカハル（△系統）もよく用いられています。ただし、イッキョルは主に話し手より目下の人物に対して用いる形式です。

　八田方言では、話し相手に対しては敬語の助動詞を用いず、話題の人物に対して尊敬語の助動詞を用いるという敬語体系になっていることが分かります。

第 10 章
あなた、誰に言ってるの？

やってみよう！

自分のサークルやクラスにいる人々を、異なった学年の人や先生を含めて5人集めましょう。その人たちに、宮治氏と同じように「どこに行くのか」「○○は明日旅行に行く」の調査文を尋ねてみて、「行く」の部分の形をリーグ戦式にまとめてみよう。あなたの所属するグループでは、どのような基準で敬語が運用されているでしょうか？

　標準語では、先生が目の前にいないときに、たとえば「先生明日からアメリカに行くらしいよ」と、先生に対する尊敬語を使わないこともあると思います。しかし、八田方言では目上の人が目の前にいないときにこそ、尊敬語の助動詞を使うわけですね。

　さて、ここで注目されるのは八田方言の位置づけです。八田方言は敬語が豊かな近畿地方にありながら、話し相手を目の前にした場面（つまり、図3・図4の調査と同じ場面）では尊敬語助動詞を使わない形式が用いられているといいます。これは一見、矛盾した現象のように思えます。

　しかし、宮治氏によれば、八田方言では敬語の機能を表す言語形式がまったく存在しないのではなく、文末の終助詞が待遇的な役割を果たしているようです。たとえば、Ma家の57歳男性は目上の人物にはどこに「イクノエ」と聞いていますが、自分より年下の人物にはどこに「イクノヤ」と尋ねています。宮治氏は当地の終助詞の体系を以下のようにまとめています（一部のみ抜粋）。

- 親しい人物へ、上向き待遇の助詞：「ノエ、ネエ、ネー」
- 親しい人物へ、下向き待遇の助詞：「ノヤ、ネヤ、ネ」
- 疎遠な人物へ：「ネヤナ」「ネ」

そして、「当方言における文末助詞待遇は、まさに話し相手に対する待

話し相手＼話し手	Ma 85 女	K 85 女	Z 82 男	G 79 女	S 73 男	Mo 73 女	S 62 女	Ma 62 女	Ma 57 男	Z 53 男	G 53 男	K 51 男	Z 51 女	G 50 女	K 48 女	Mo 46 男	Mo 44 女	S 38 男	S 32 女	Ma 32 女	Ma 31 男	G 26 男	K 23 男	Z 22 男	G 21 男	Mo 19 女	Z 19 男	K 19 女	G 17 男
Ma (85)	＼	○	○	○	○	○	○	○	○	○	○	○	△	○	○	○	△	○	▲	○	○	○	○	○	○	○	○	○	○
K (85)	○	＼	○	○	○	△	○	○	○	○	○	○	⊕	○	○	○	▲	○	△	○	○	○	○	○	○	◭	○	○	○
Z 82	△	○	＼	○	○	△	○	○	○	○	○	○	○	○	○	○	▲	○	▲	○	○	○	○	○	○	▲	○	○	○
G (79)	○	○	○	＼	○	△	○	○	○	○	○	○	○	○	○	○	▲	○	△	○	○	○	○	○	○	◭	○	○	○
S 73	△	○	○	○	＼	▲	○	○	○	○	○	○	○	○	○	○	▲	○	○	○	○	○	○	○	○	▲	○	○	○
Mo (73)	○	△	○	△	○	＼	△	○	○	○	○	△	△	△	○	○	⊕	○	△	○	○	○	○	○	△	○	○	△	○
S (62)	○	○	○	○	○	△	＼	○	○	○	○	○	○	○	○	○	▲	○	○	○	○	○	○	○	○	▲	○	○	○
Ma (62)	○	○	○	○	○	○	○	＼	○	○	○	○	○	○	○	○	△	○	△	○	○	○	○	○	○	○	○	○	○
Ma 57	○	○	○	○	○	○	○	○	＼	○	○	○	○	○	○	○	△	○	◭	○	○	○	○	○	○	○	○	○	○
Z 53	△	○	○	○	○	▲	○	○	○	＼	○	○	○	○	○	○	▲	○	▲	○	○	○	○	○	○	▲	○	○	○
G 53	△	○	○	○	○	▲	○	○	○	○	＼	○	○	○	○	○	▲	○	◭	○	○	○	○	○	○	▲	○	○	○
K 51	△	○	○	○	○	▲	○	○	○	○	○	＼	⊕	○	○	○	▲	○	△	○	○	○	○	○	○	▲	○	○	○
Z (51)	○	○	○	○	○	△	○	○	○	○	○	○	＼	○	○	○	△	○	▲	○	○	○	○	○	○	▲	○	○	○
G (50)	○	○	○	○	○	△	○	○	○	○	○	○	○	＼	○	○	△	○	△	○	○	○	○	○	○	▲	○	○	○
K (48)	○	○	○	○	○	△	○	○	○	○	○	○	○	○	＼	○	△	○	△	○	○	○	○	○	○	▲	○	○	○
Mo 46	○	○	○	○	○	○	○	○	○	○	○	○	△	○	○	＼	○	○	◭	○	○	○	○	○	△	○	○	△	○
Mo (44)	○	△	○	○	○	○	○	○	○	○	○	○	△	△	○	○	＼	○	△	○	○	○	○	○	△	○	○	△	○
S 38	○	○	○	○	○	△	○	○	○	○	○	○	○	○	○	○	△	＼	○	○	○	○	○	○	○	▲	○	○	○
S (32)	○	○	○	○	○	△	○	○	○	○	○	○	⊕	○	○	○	△	○	＼	○	○	○	○	○	○	▲	○	○	○
Ma (32)	○	○	○	○	○	○	○	○	○	○	○	○	○	○	○	○	○	○	○	＼	○	○	○	○	○	○	○	○	○
Ma 31	○	○	○	○	○	○	○	○	○	○	○	○	○	○	○	○	○	○	△	○	＼	○	○	○	○	▲	○	△	○
G 26	○	○	○	○	○	△	○	○	○	○	○	○	○	○	○	○	△	○	△	○	○	＼	○	○	○	○	○	○	○
K 23	○	○	○	○	○	○	○	○	○	○	○	○	○	○	○	○	△	○	○	○	○	○	＼	○	○	○	○	○	○
Z 22	○	○	○	○	○	○	○	○	○	○	○	○	○	○	○	○	△	○	○	○	○	○	○	＼	○	○	○	○	○
G 21	○	○	○	○	○	○	○	○	○	○	○	○	○	○	○	○	△	○	○	○	○	○	○	○	＼	○	○	○	○
Mo (19)	○	△	○	○	○	○	○	○	○	○	○	○	○	○	○	○	○	○	○	○	○	○	○	○	○	＼	○	○	○
Z 19	○	○	○	○	○	○	○	○	○	○	○	○	○	○	○	○	△	○	○	○	○	○	○	○	○	○	＼	○	○
K (19)	○	○	○	○	○	○	○	○	○	○	○	○	○	○	○	○	△	○	○	○	○	○	○	○	○	○	○	＼	○
G 17	○	○	○	○	○	○	○	○	○	○	○	○	○	○	○	○	△	○	○	○	○	○	○	○	○	○	○	○	＼
T 61	⬡	△	○	△	△	<	○	△	○	△	△	△	△	△	△	○	▲	○	◭	△	△	△	○	○	◭	♟	○	△	○
T (57)	⬡	△	○	△	△	⬡	○	△	○	⊕	△	△	△	△	△	○	◭	○	◭	△	△	△	○	○	◭	♟	○	△	○

［凡例］

○ イク
△ イカハン ┐
▲ イカハリ ├ (イカハル)
◭ イカハル ┘
⊕ イカン（イカル）
⬡ イキナハン（イキナハル）
♟ イカレル
< オデカケ

図6 「行きますか」（聞き手に対して）（宮治1985）

話題の人物＼話し手	Ma 85 女	K 85 女	Z 82 男	G 79 女	S 73 男	Mo 73 女	S 62 女	Ma 62 女	Ma 57 男	Z 53 男	G 53 男	K 51 男	Z 51 女	G 50 女	K 48 女	Mo 46 男	Mo 44 女	S 38 男	S 32 女	Ma 32 女	Ma 31 男	G 26 男	K 23 男	Z 22 男	G 21 男	Mo 19 女	Z 19 男	K 19 女	G 17 男
Ma ㊵85	＼	⊕	⊕	⊕	⊕	△	⊕	⊕	⊕	⊕	⊕	⊕	⊕	⊕	⊕	⊕	△	⊕	⊕	⊕	⊕	⊕	⊕	⊕	⊕	⊕	⊕	⊕	⊕
K ㊵85	⊕	＼	⊕	⊕	⊕	△	⊕	⊕	⊕	⊕	⊕	⊕	⊕	⊕	⊕	⊕	△	⊕	⊕	⊕	⊕	⊕	⊕	⊕	⊕	△	⊕	⊕	⊕
Z 82	⊕	⊕	＼	⊕	⊕	△	⊕	⊕	⊕	⊕	⊕	⊕	⊕	⊕	⊕	⊕	△	⊕	⊕	⊕	⊕	⊕	⊕	⊕	⊕	△	⊕	⊕	⊕
G ㊵79	⊕	⊕	⊕	＼	⊕	△	⊕	⊕	⊕	⊕	⊕	⊕	⊕	⊕	⊕	⊕	△	⊕	⊕	⊕	⊕	⊕	⊕	⊕	⊕	△	⊕	⊕	⊕
S 73	⊕	⊕	⊕	⊕	＼	△	⊕	⊕	⊕	⊕	⊕	⊕	⊕	⊕	⊕	⊕	△	⊕	⊕	⊕	⊕	⊕	⊕	⊕	⊕	△	⊕	⊕	⊕
Mo ㊵73	⊕	⊕	⊕	⊕	⊡	＼	⊕	⊕	⊕	⊕	⊕	⊕	⊕	⊕	⊕	⊕	△	⊕	⊕	⊕	⊕	⊕	⊕	⊕	⊕	⊕	⊕	⊕	⊕
S ㊵62	⊕	⊕	⊕	⊕	⊡	△	＼	⊕	⊕	⊕	⊕	⊕	⊕	⊕	⊕	⊕	△	⊕	⊕	⊕	⊕	⊕	⊕	⊕	⊕	△	⊕	⊕	⊕
Ma ㊵62	⊕	⊕	⊕	⊡	⊡	△	⊕	＼	⊡	⊕	⊕	⊕	⊕	⊕	⊕	⊕	△	⊕	⊕	⊕	⊕	⊕	⊕	⊕	⊕	⊕	⊕	⊕	⊕
Ma 57	⊕	⊕	⊕	⊕	⊡	△	⊕	⊕	＼	⊕	⊕	⊕	⊕	⊕	⊕	⊕	△	⊕	⊕	⊕	⊕	⊕	⊕	⊕	⊕	⊕	⊕	⊕	⊕
Z 53	⊕	⊕	⊕	⊕	⊡	△	⊕	⊕	⊕	＼	⊕	⊕	⊕	⊕	⊕	⊕	△	⊕	⊕	⊕	⊕	⊕	⊕	⊕	⊕	△	⊕	⊕	⊕
G 53	⊕	⊕	⊕	⊕	⊡	△	⊕	⊕	⊕	⊕	＼	⊕	⊕	⊕	⊕	⊕	△	⊕	⊕	⊕	⊕	⊕	⊕	⊕	⊕	△	⊕	⊕	⊕
K 51	⊕	⊕	⊕	⊕	⊡	△	⊕	⊕	⊕	⊕	⊕	＼	⊕	⊕	⊕	⊕	△	⊕	⊕	⊕	⊕	⊕	⊕	⊕	⊕	△	⊕	⊕	⊕
Z ㊵51	⊕	⊕	⊕	⊕	⊡	△	⊕	⊕	⊕	⊡	⊡	⊕	＼	⊕	⊕	⊕	△	⊕	⊕	⊕	⊕	⊕	⊕	⊕	⊕	△	⊕	⊕	⊕
G ㊵50	⊕	⊕	⊕	⊕	⊡	△	⊕	⊕	⊕	⊡	⊡	⊕	⊕	＼	⊕	⊕	△	⊕	⊕	⊕	⊕	⊕	⊕	⊕	⊕	△	⊕	⊕	⊕
K ㊵48	⊕	⊕	⊕	⊕	⊡	△	⊕	⊕	⊕	⊕	⊕	⊕	⊕	⊕	＼	⊕	△	⊕	⊕	⊕	⊕	⊕	⊕	⊕	⊕	△	⊕	⊕	⊕
Mo 46	⊕	⊕	⊕	⊕	⊡	⊕	⊕	⊕	⊕	⊕	⊡	⊕	⊕	⊕	⊕	＼	△	⊕	⊕	⊕	⊕	⊕	⊕	⊕	⊕	⊕	⊕	⊕	⊕
Mo ㊵44	⊕	⊕	⊕	⊕	⊡	⊕	⊕	⊕	⊕	⊕	⊡	⊕	⊕	⊕	⊕	⊕	＼	⊕	⊕	⊕	⊕	⊕	⊕	⊕	⊕	⊕	⊕	⊕	⊕
S 38	⊕	⊕	⊕	⊡	⊡	△	⊕	⊕	⊡	⊡	⊡	⊡	⊕	⊕	⊕	⊡	△	＼	⊕	⊕	⊕	⊕	⊕	⊕	⊕	△	⊕	⊕	⊕
S ㊵32	⊕	⊕	⊕	⊕	⊡	△	⊕	⊕	⊕	⊡	⊡	⊡	⊕	⊕	⊕	⊕	△	⊡	＼	⊕	⊕	⊕	⊕	⊕	⊕	△	⊕	⊕	⊕
Ma ㊵32	⊡	⊕	⊕	⊡	⊡	△	⊕	⊡	⊡	⊡	⊡	⊕	⊕	⊕	⊕	⊡	△	⊡	⊕	＼	⊡	⊕	⊕	⊕	⊕	⊕	⊕	⊕	⊕
Ma 31	⊕	⊕	⊡	⊕	⊡	△	⊕	⊕	⊡	⊡	⊡	⊕	⊕	⊕	⊕	⊡	△	⊡	⊕	⊕	＼	⊕	⊕	⊕	⊕	⊕	⊕	⊕	⊕
G 26	⊕	⊕	⊡	⊡	⊡	△	⊕	⊕	⊡	⊡	⊡	⊡	⊡	⊡	⊡	⊡	△	⊡	⊕	⊕	⊡	＼	⊕	⊕	⊡	△	⊕	⊕	⊡
K 23	⊕	⊕	⊡	⊡	⊡	△	⊕	⊕	⊡	⊡	⊡	⊡	⊡	⊕	⊕	⊡	△	⊡	⊕	⊕	⊡	⊡	＼	⊕	⊕	⊕	⊕	⊕	⊕
Z 22	⊕	⊡	⊡	⊡	⊡	△	⊕	⊡	⊡	⊡	⊡	⊡	⊡	⊡	⊡	⊡	△	⊡	⊕	⊕	⊡	⊡	⊡	＼	⊡	⊕	⊡	⊕	⊕
G 21	⊕	⊡	⊡	⊡	⊡	△	⊕	⊡	⊡	⊡	⊡	⊡	⊡	⊡	⊡	⊡	△	⊡	⊕	⊕	⊡	⊡	⊡	⊡	＼	⊕	⊡	⊕	⊡
Mo ㊵19	⊕	⊕	⊡	⊕	⊡	⊕	⊕	⊕	⊡	⊡	⊡	⊡	⊕	⊕	⊕	⊡	○	⊡	⊕	⊕	⊡	⊡	⊡	⊡	⊡	＼	⊡	⊕	⊕
Z 19	⊕	⊡	⊡	⊡	⊡	△	⊕	⊡	⊡	⊡	⊡	⊡	⊡	⊡	⊡	⊡	△	⊡	⊕	⊕	⊡	⊡	⊡	⊡	⊡	⊕	＼	⊕	⊡
K ㊵19	⊕	⊡	⊡	⊡	⊡	△	⊕	⊡	⊡	⊡	⊡	⊡	⊡	⊕	⊡	⊡	△	⊡	⊕	⊕	⊡	⊡	⊡	⊡	⊡	⊕	⊡	＼	⊕
G 17	⊕	⊡	⊡	⊡	⊡	△	⊕	⊡	⊡	⊡	⊡	⊡	⊡	⊡	⊡	⊡	△	⊡	⊕	⊕	⊡	⊡	⊡	⊡	⊡	⊕	⊡	⊕	＼
T 61	△	⊕	⊕	△	⊕	△	⊕	⊕	⊕	⊕	⊕	⊕	⊕	⊕	⊕	⊕	△	⊕	⊕	⊕	⊕	⊕	⊕	⊕	⊕	△	⊕	⊕	⊕
T ㊵57	△	⊕	⊕	△	⊕	△	⊕	⊕	⊕	⊕	⊕	⊕	⊕	⊕	⊕	⊕	△	⊕	⊕	⊕	⊕	⊕	⊕	⊕	⊕	△	⊕	⊕	⊕

注：話し相手は調査者（K22）である

［凡例］　○ イク　　⊕ イカル
△ イカハル　　⊡ イッキョル（イキヨル）

図7 「行きますか」（第三者に対して）（宮治1985）

遇の中心となるものである。しかもそれは体系的にとらえることができるものである。これは、当方言の大きな特徴の一つであろう」と述べています。つまり、八田方言では、話し相手に対しては適切な終助詞を選択することによって敬意を示しています。敬意を表す方法は助動詞や補助動詞の形の敬語だけではないのです。

　ここまで、全国の敬語形式とその運用を確認してきました。ひとくちに敬語といってもさまざまで、さまざまなカテゴリーの言語形式を用いて、話し相手や話題の人物への敬意を示しています。さらに、敬語的意味が形式の使い分けに影響するのは人称代名詞（あなた、おまえ…）や、助詞など、さまざまな文法カテゴリーにわたります。場面もさまざまで、質問、命令、依頼など、さまざまな場面ごとに、さまざまな敬語形式を使い分けています。そして、どのような形式の運用が重視されるのかは方言によって異なっています。まだまだ、敬語に関するすべての使い分けの基準が明らかになっているとはいえず、今後の研究では、対人配慮に関わる事例を多く集め、どのようにして言語形式を使い分けているのかを丁寧に記述することが必要となるでしょう。

6　まとめ

　この章では、方言の命令表現や敬語をとおし、対人コミュニケーションの言語手段である待遇表現のバリエーションについて考えてきました。この章で紹介した方言の待遇表現をまとめます。

1. 方言の命令表現は全国的に命令形が分布している。東日本にはそれ以外の形式があまり見られないのに対し、西日本は、「活用形類」の命令形に加え、敬語由来の表現やきびしく命令するときの否定疑問形が存在しており、比較的豊かな命令表現体系をもっている。
2. 方言の敬語を見ると、全国的に敬語がある地点は多いものの、敬語のない地点が東日本に多く見られる。一方、近畿地方や中国地方は

複数の敬語形式を相手・場面によって使い分けており、東日本と比べ豊かな待遇表現をもっているといえる。
3. それぞれの方言によって敬語をどのような基準で運用しているかは異なっている。たとえば富山県五箇山方言では、家柄が運用上重要視されていた。一方、滋賀県八田方言では尊敬語助動詞を話し相手に使わず、その場にいない話題の人物のときに用いていた。代わりに八田方言は文末の助詞を用いて聞き手に配慮している。

〈参考論文〉

大西拓一郎（2006）「書きます（か）」『月刊言語』35、特集：地図に見る方言文法、大修館書店、pp. 76-79
加藤正信（1973）「全国方言の敬語概観」林四郎・南不二男（編）『敬語講座6 現代の敬語』明治書院、pp. 25-83
真田信治（1973）「越中五ケ山郷における待遇表現の実態―場面設定による全員調査から」『国語学』93、国語学会、pp. 48-64
真田信治（1990）『地域言語の社会言語学的研究』和泉書院
宮治弘明（1985）「滋賀県甲賀郡水口町八田方言における待遇表現の実態―動作の主体に対する表現をめぐって」『語文』46、大阪大学国語国文学会、pp. 33-49
三井はるみ（2006）「起きろ」『月刊言語』35、特集：地図に見る方言文法、大修館書店、pp. 60-63

第11章
「カラカラ」って、どんな笑い?

オノマトペ・副詞

この章のポイント

○ 現代・古典語のオノマトペ（擬音語・擬態語）を学ぶ。

1　オノマトペって何?

　現代語だと笑い声に「カラカラ」って、なんだか変ですよね。喉でもかわいている？　そうではありません。江戸時代までの日本人は武蔵坊弁慶のような豪快な人の笑い声を、現代語のように「ハハハハハ」ではなく、「カラカラ」と表現していました。
　この「カラカラ・ハハハハハ」は**オノマトペ**[注1]といいますが、オノマトペは**擬音語・擬態語**ともいわれ、前者は「ガラガラ」「ニャー」「キャー」などの物音や動物の鳴き声・人の声といった音、後者は「ぎらぎら」「ガビーン（ショック状態）」などの様子や状態を表現したことばです。
　音もしない状態に「しーん」なんて、おもしろいですよね。
　さて、これらのオノマトペの多くは、構文的な機能からみれば副詞です。そこで、副詞について少し説明しておきましょう。
　副詞は大きく3つに分類できます。[1] **状態副詞**、[2] **程度副詞**、[3]

第 11 章
「カラカラ」って、どんな笑い？

　陳述副詞です。まず［1］状態副詞とは、動作・変化のしかたや出来事のあり方を表します。この状態副詞として、本章で扱う「もっちりと、べたべたに」などのオノマトペがよく用いられます。次に［2］程度副詞は状態性をもつ語にかかり、その程度を限定します。「非常に、大変、かなり」などがあります。そして［3］陳述副詞は、否定・推量といった文法的意味を補足・明確化する「決して」「たぶん」などで、「〜ない」「〜だろう」などの文法形式と呼応します。

　［1］状態副詞
　　　水がサラサラ（と）流れる。約束をうっかり忘れていた。
　［2］程度副詞
　　　お相撲さんがこんなに大きいとは知らなかった。とても驚いた。
　［3］陳述副詞
　　　嘘は決してついていない。たぶん君は悪くないだろう。

　本章はオノマトペを扱っていくので、［1］状態副詞のお話となります。なお、オノマトペは以下の「調べてみよう！」のように副詞以外の用法もあるので、それについて調査・分析してみるのもおもしろいですね！

オノマトペ・副詞

> **調べてみよう！**
>
> ○ オノマトペは「油でベタベタな換気扇」「もちもちの新感覚デザート」「ふんわり食感」「しっとり感を味わう」など、さまざまな用法があります。集めて分析してみましょう。

2　オノマトペの特徴

現代語のオノマトペを観察する時には、以下に注目してみるとよいかもしれません。

[Ⅰ] 反復語（重複語）が多い
[Ⅱ] 促音「ッ」、撥音「ン」、長音「ー」が特徴的
[Ⅲ] 清音と濁音の違い

日本語のオノマトペを集めてみると、「フワフワ」「シトシト」「デレデレ」「コロコロ」といったように、初めの音をA、次をBとすると「AB」で、そのくり返し「ABAB」が多いことに気づきます [Ⅰ]。山口（2002）によると、歴史的にも「ABAB」が頻用されており、いわば日本のオノマトペの代表選手です。

もちろん「ABAB」ばかりでなく、「クルッ」「ドーン」といった語も見られます [Ⅱ]。これらに使用される促音「ッ」、撥音「ン」、長音「ー」は彩りをつけてくれています。「パサパサ」より「パッサパサ」、「ポポポポ」より「ポポポポーン」の方が、勢いや跳ねる感じがしますよね。さらに「コロッ」と転がるのと、「ゴロッ」と転がるのでは差があるのではないでしょうか [Ⅲ]。

さらにオノマトペを観察する時には、次のような点に注意してもよいかもしれません。

第11章
「カラカラ」って、どんな笑い？

[Ⅳ] 古典語（時代差）
[Ⅴ] 現代語の位相（方言・男女差）

　最初にお話ししたように、古典語に見られるオノマトペはどうやら現代語と違っているようですし [Ⅳ]、また男性の笑いは「ワハハハ」「ガハハハ」、それに対し女性は「オホホホ」「ウフッ」というように位相（男女・方言など）による違いもありそうです [Ⅴ]。
　そこで、次の節では [Ⅳ] 古典語（時代差）と [Ⅴ] 現代語の位相（方言・男女差）を中心に観察してみましょう！

3　古典語（時代差）・現代語の位相（方言・男女差）

　まずは、古典語に見られるオノマトペです。

3.1　古典語その1：笑い声
中世の作品には、以下のような笑いの描写が見られます。

(1) 集れる人ども一度にはと笑ひたる紛れに逃げて往にけり。【集まっていた人々が一度にパッと笑ったその紛れに（山伏は）逃げ去ったという。】
　　　　　　　　　　　　　　　　　　　　　（『宇治拾遺物語』巻第1・5）
(2) そこらの立ち止りて見ける者ども、一度にはつと笑ひけるとか。【大勢の立ち止まって見ていた者達が、一度にパッと笑い合ったという。】
　　　　　　　　　　　　　　　　　　　　　　（『宇治拾遺物語』巻第1）

　これらは笑い声が「は（はつ）」と写された例のように見えます。ただし、日本語の歴史で知られているように、中世の「ハ」は現代語と同じ音ではありませんでした。ハ行音は、[p]→[Φ]→[h]と変化したとされており、中世末期・近世初期のキリシタン資料も[f]で記されています（キリシタン資料『天草版平家物語』では「平家」は [Feiqe] と記されています）。
　ちなみに、**キリシタン資料**はローマ字で日本語が書かれているため、

オノマトペ・副詞

当時の発音を知るのには好資料です。それはなぜかというと、古い日本の資料には「濁音（例ダ・ザ・バ）」「半濁音（例パ）」の表記がありませんでした（もちろん、それらの音自体はあったと考えられます）。そのため、たとえば中古の資料では「ほろほろ」と書かれたものが、実際の音は「ほろほろ」なのか「ぼろぼろ」または「ぽろぽろ」なのか分かりません。つまり現在、私たちがよく知っている『枕草子』『源氏物語』などは書かれた当時、濁点・半濁点がつけられていなかったんですね。

もとに戻って（1）（2）の笑い声が「は」（つまり実際の音ではファ）で記されていたという点について、亀井（1984）はいまも昔も、笑い声そのものには違いはなかったはず（[ha]であろう）で、（1）（2）の例は「一度にパッと、笑いひける」の「パッ」であり、「は」自体は笑い声の描写ではないとしています。

さて、ここで最初のお話です。では、現代語のマンガでみるような豪快な笑い「ハハハハハ」は、どのように書かれていたのでしょうか？これについては、中世から近世前期には「カラカラ・カッラカッラ・カンラカンラ」と書かれています。もうお分かりだと思うのですが、これが「ハハハハ」と書かれていたら、それは「ファファファ」とまるでオジイサンのような笑い方になってしまいます（（3）～（5）はオジイサンではありません）。

(3) （生後すぐ）東西をきつと見て、「あら明かや」と言ひて、<u>からから</u>とぞ笑ひける。【あちこちをきっと見て、「ああ、明るい」といって、カラカラと笑った。】　　　　　　　（『室町物語集』弁慶物語）

(4) 言はせもはてず、九平次<u>かつらから</u>と笑ひ【最後までいわせずに、九平次はカラカラと笑い】　　　　（『近松門左衛門集』曾根崎心中）

(5) をかしさに、蛍火、<u>からから</u>と笑ひければ【おかしさに、蛍火はカラカラと笑ったので】　　　　　　（『室町物語草紙集』猿源氏草紙）

そして、近世の『**音曲玉淵集**』（1727年）に「は」を「フヮ」と発音すべきだとわざわざ書かれています。

第11章
「カラカラ」って、どんな笑い？

(6) 一、軟濁（ナンダク）の事　三重濁（チウニコリ）とも云
　　　は　　　ひ　　　ふ　　　へ　　　ほ　　　唇内也
　　　フハ　　フヒ　　ー　　　フヘ　　フホ　　　（『音曲玉淵集』）

　これは、『音曲玉淵集』が書かれた当時すでに「は」はフゥから［ha］になっていたということでしょう。なお、山口氏によると現在のような「アハハハ」が出るのは、［ha］になってかなり経ってからの1800年前後であるとしています。

3.2　古典語その2：どきどきはらはら!?　胸の痛み？

　現代語では人がピンチに陥った時、どのように表現されるのでしょうか。「ヒヤヒヤ・ハラハラ・ドキドキ」といったところでしょうか。小林(1998)は、近世前期の作品にこんな例があることを指摘しています。

(7) わしや危うて、きやきやする。南無地蔵様、地蔵様。【私は危なっかしくて、心が痛む。】（『近松門左衛門集』丹波与作待夜のこむろぶし）

　どうやらこの「キヤキヤ」は、現代語でいうと「キリキリ痛む」のようなニュアンスで用いられていたようです。また同じ作品に、

(8) ひそかにひそかに、ひそひそと、胸はだくだく、だくぼくの、坂の下へと別れける。【ひそひそ話す二人の胸はドキドキと打つ】
　　　　　　　　　　（『近松門左衛門集』丹波与作待夜のこむろぶし）

とあり、これが現在の「ヒヤヒヤ・ハラハラ」などに近いようです。なお、この「ダクダク」については、キリシタン資料『日葡辞書』にも載っています（『日葡辞書』については、第3章注1を参照）。

(9) Dacudacu. ダクダク（だくだく）副詞。馬が疾走するさま。Munega dacudacu suru.（胸がだくだくする）胸がどきどきする、すなわち、

心臓が動悸を打つ.　　　　　　　　　　　（『邦訳日葡辞書』）

　どうやら、「ダクダク」は馬が走る様子を表すのにも使われていたようです。

3.3　古典語その3：動物の鳴き声

　動物の鳴き声の歴史については、先の山口（2002）に詳細な研究があります。まずは、古典で見られる犬の鳴き声です。

(10) 犬のために法事しける人の（中略）「ただ今や、過去聖霊（くわこしやうりやう）は蓮台（れんだい）の上にてひよと吠えたまふらむ」【只今、この世を去った聖霊は、極楽浄土の蓮の台の上で「びよ」と吠えていらっしゃるだろう。】
　　　　　　　　　　　　　　　　　　　　　（『大鏡』道長（雑々物語））

　現在では犬は「ワンワン」と書かれますが、これは近世初期からであり、それまでは「ビヨ」とされていました。その他、猫は古くは「ネウネウ」、鼠は室町時代までは「シウシウ」と随分違います。

(11) 端近く寄り臥したまへるに、(猫が)来て<u>ねうねう</u>といとらうたげになけば、かき撫でて【軒先近くで物に寄り臥していらっしゃると、猫がそこにきて「ねうねう」といかにも可愛らしく鳴くので】
　　　　　　　　　　　　　　　　　　　　　　　　（『源氏物語』若菜下）

3.4　古典語その4：『平家物語』のリアルな現場！

　鎌倉時代に成立した『平家物語』は源氏と平家の合戦を描いた仏教色の強い物語で、漢語がとても多く用いられているのですが、実は、やまとことば、しかも日常卑近なことばを多く含んでいます（『平家物語』上、岩波古典文学全集（解説）など）。
　このことばとは、俗語（いわゆる当時の新語・流行語の類も混入しているとい

われています。「着背長・いかもの作り・あぶれ源氏・ひっぱる」など)、方言、そしてオノマトペです。そこで、『平家物語』に見られるオノマトペを見てみましょう。

(12) 板倉川を西へわたす河中に、ひかへて待ち懸たり。倉光馳来ッて、おしならべ、むずと組で、どうどおつ。(妹尾最後)
(13) 佐藤四郎兵衛、兄が頸をとらせじとよッぴいてひやうど射る。

(嗣信最後)

(12) は「(馬を並べて) むんずと組んで、どしんと落ちる」、(13) は「弓を引き絞ってひゅっと射た」といったところでしょうか。
このように『平家物語』の合戦のシーンは、オノマトペを使用することにより、とても活き活きと描かれています。

3.5 現代語の位相：方言

ここまで、古典語のオノマトペについて見てきましたが、現代語のオノマトペには方言差も見られます。東北地方を中心に集めた国立国語研究所の竹田晃子 (2012)『東北方言オノマトペ用例集 (擬音語・擬声語) ──青森県・岩手県・宮城県・福島県』を少し見てみましょう。たとえば「(お腹が減って) フラフラ」は、

(14)「腹　へったし、あふらあふらど　なった。」
　　 【腹が減ったから、ふらふらした。】

とし、その他にも、共通語とは違うオノマトペが多く見られます。

(15)「のんのん　水ぁ　流れる。」【どんどん水が流れる】
(16)「まなぐぁ　つぃさつぃさって　わがんねぁ。」
　　 【目がちらちらしていけない。】

オノマトペ・副詞

ちょっと聞くと分かりませんが、想像を豊かにしてくれる語だと思いませんか？

その他、竹田（2015）はオノマトペ由来の語形が、動物・人物を表す名詞として用いられる現象もあげています。たとえば「ベコ」（東北地方では大人の牛、西日本では子牛）は牛・子牛の鳴き声を表すオノマトペ「ベー」に指小辞（接尾辞の一種）「コ」が後接したものといいます。これは、幼児語やくだけた場面での愛称として使われた語が、その後、大人が改まった場面でも使う一般語になった現象であるとしています。

さらに竹田氏によると興味深いことに、さまざまな地域で使われる「キヤキヤ」があるそうです。「腹ぁ<u>きやきや</u>って　いでぁのす」（岩手、意味「胃腸の蠕動が亢進して、腹が鋭く痛む様」）、「夜中に胃が<u>きやきや</u>して寝られんかった」（静岡）、「さつまいも食べ過ぎて、今日は胸が<u>きやきや</u>するわ」（香川）、「疵口が<u>きやきや</u>する」（愛媛）のような例です。先の近世前期の（7）の例とあわせて気になるところです。

3.6　現代語の位相：男女差

現代語のマンガには多くのオノマトペが使用されています。その中で男性の笑い声が「ワハハハ・ガハハハハ」、女性が「ホホホ・オホホ」と男女で違うなと感じたことはありませんか。

(17)「ハハハハ（男性・生徒会長の藤堂）」「ホホホホ（女性・お蝶夫人）」
（『エースをねらえ！』①）

でも、実際にはどうでしょうか。もちろん声の高さなどは違うと思うのですが、そんなに男女の笑い声って違いますか？　これはどうやら「役割語」と関係していそうです（「役割語」は第15章で詳しく説明します）。なお、金水（2014）では、「ほほほ・おほほ」は「笑い声を表わす感動詞。口元を手でおおったりして控えめに軽く笑う笑い方。主として女性の笑い声を表わす」とされています。

第 11 章
「カラカラ」って、どんな笑い？

4 自由に作れるオノマトペ

　絵本にも多くのオノマトペが使われています。オノマトペを観察するには、とてもよい資料だと思われます。それでは『桃太郎』の桃の流れるシーンを見てみましょう（資料は出版社と年代のみ示します）。

(18) 素敵滅法大きな桃が、<u>ドンブリコッコ、スッコッコ、丶、丶</u>、と流れてきました。（平凡社、1914年）

(19) かわかみから、ももが　<u>つんぶく　かんぶく　つんぶく　かんぶく</u>と　ながれてきました。（講談社、1979年）

(20) せんたくを　していると、<u>どんぶらこ　どんぶらこ</u>　と、おおきな　ももが　ながれてきました。（小学館、1983年）

(21) かみの　ほうから、<u>つんぷか　かんぷか、つんぷか　かんぷか　つっこんこん</u>と、おおきな　ももが　ながれてきたんだって。（講談社、1978年）

(22) たらいが　ひとつ　<u>ゆうらりこ　ゆうらりこ</u>と　ながれてきたんやって。（小峰書店、1991年）

(23) かわかみから　おおきな　ももが　<u>どんぶり　かっしり　つっこんご</u>（フレーベル館、2002年）

　筆者は子どものころ「どんぶらこ　どんぶらこ」と聞いた記憶があるのですが、同じ『桃太郎』でも実にいろいろな語で、桃の流れる様子を描いています。このように1つの場面を取り出しても、表現する人によって違いが随分あるんですね。
　その他、オノマトペをたくさん使って、独特の世界観を作りだしたのが宮沢賢治です。『注文の多い料理店』『月夜のでんしんばしら』『やまなし』などがオススメです。

5　まとめ

オノマトペを語として観察する場合、ポイントとしては、

1. 反復語（重複語）が多い
2. 促音「ッ」、撥音「ン」、長音「ー」が特徴的
3. 清音と濁音の違い
4. 古典語（時代差）
5. 現代語の位相（方言・男女差）

であることを述べてきました。その他には、使用される場面での違い（走る場面・戦闘の場面・好きな人に突然会った場面など）や、「ぎらぎら・ギラギラ」といった文字の違い、さらにマンガならフォント（ゴシック・明朝など）の違いなどもおもしろいですね。

日本語はオノマトペが豊富な言語といわれています。この騒がしい語たちを、是非観察してみてくださいね。

第 11 章
「カラカラ」って、どんな笑い？

〈注〉

[注1]　オノマトペは、ギリシャ語 $όνοματοποιία$（onomatopoiía）を由来とする英語 onomatopoeia、フランス語 onomatopée からきています。

〈参考文献〉

小野正弘（2007）『擬音語・擬態語4500日本語オノマトペ辞典』小学館
小野正弘（2009）『オノマトペがあるから日本語は楽しい―擬音語・擬態語の豊かな世界』平凡社新書
亀井孝（1984）『亀井孝論文集3 日本語のすがたとこころ（一）』吉川弘文館
金水敏（編）（2014）『〈役割語〉小辞典』研究社
小林千草（1998）『ことばの歴史学―源氏物語から現代若者ことばまで』丸善ライブラリー
竹田晃子（2012）『東北方言オノマトペ用例集（擬音語・擬声語）―青森県・岩手県・宮城県・福島県』国立国語研究所
竹田晃子（2015）「方言オノマトペの特徴と地域差」『日本語学』「特集オノマトペ研究の最前線」34（11）、明治書院、pp. 22-23
土井忠生他（編）（1980）『邦訳日葡辞書』岩波書店
山口仲美（1989）『ちんちん千鳥のなく声は―日本人が聴いた鳥の声』大修館書店
山口仲美（2002）『犬は「びよ」と鳴いていた　日本語は擬音語・擬態語が面白い』光文社新書

第12章
「アノー、ソノー、エーットね……」何がいいたいの?

フィラー

この章のポイント

○ フィラー（アノー、エーット、ソノー、マァなど）とは何かを学ぶ。
○ フィラー研究の意義を学ぶ。

1　今日何したの?

問題

突然ですが問題です。友達が次のようなことをいったとしましょう。

(1) エットさ、ナンカこないだ彼氏と街中歩いてたらさ、向こうからすごい格好した女子が歩いてきたわけ。そしたらさ、彼氏が、ナンカ、タイプだったみたいで、じーっと見てるの。アノー、山ガール? 森ガール? あんなのがいいのかなぁって、思っちゃって。マァ、たしかにルックスは悪くなかったんだけどさ。

あなたはこの話を、別の友達か家族に伝えたいと思いました。そのと

第12章
「アノー、ソノー、エーットね……」何がいいたいの?

き、どのように話しますか?

ところで、次のような文は自然でしょうか? 不自然だとしたら何が原因で不自然になっているのでしょうか。こちらも考えてみてください。

(2) a. ソノー、すみません。ちょっととおらせてください。
   b. 386かける78は? アノー、30108。
   c. すみませんが、マァ、あそこでお待ちください。

さて、ここで(1)に戻って、この友達から聞いたことを別の人に伝えてみましょう。きっと、こんなふうになるのではないでしょうか。

(3) こないだね、Aちゃんが彼氏と歩いてたんだって。そしたらね、エーット、森ガールだっけ? ナンカ、そういう感じの子が歩いてきたらしいの。ナンカ、Aちゃんの彼氏さん、そういうのが好きらしくて、じっと見てたらしいよ。

この章で考えたいのは、以上の例文でカタカナで書いた(ガールとルックス以外の)「エーット、アノー、ソノー、ナンカ、マァ」というような表現についてです。他に話す場合、これらの表現を忠実に再現しなくても(というか、できない)何も問題は起きません。これらの表現は**フィラー**と呼ばれています。フィラーというのは英語の"fill"(埋める)ということばに"-er"をつけて"filler"としたもので、「埋める(ための)もの」というような意味でしょうか。

何を埋めるかというと、たとえば、ずばり「沈黙」を埋めるのです。会話をしていると、次に何を話したらいいか分からない、ど忘れしてしまった、などということが多々あります。そんなときに、「エーット」とか「アノー」とかいって、いいよどむことがあると思いますが、フィラーというのは、そのようないいよどむときに現れる表現だということをいっています。

たしかに、これらのフィラーは特別なことをしていないように見えま

フィラー

　す。(1)の内容を伝えようとして話された(3)では、エーットやアノーはもとの位置に現れなくてもよいです。むしろ、誰かの話を「一言一句覚えている」というときに、その人が発したフィラーの位置や種類まで正確に覚えている、ということはないでしょう。つまり、これらのフィラーは、「伝える内容」としてはなんの意味ももっていない、ということになります。

　なんの意味ももっていないのであれば、どこでどのようなフィラーを使ってもいいのかというと、そうでもないということが、(2)を見ると分かります。見知らぬ人にどいてほしいなと思いながら、一声かけるというときには必ず「アノーすみません」と、アノーが用いられるでしょう。少なくとも、ソノーが使われることはないのではないでしょうか。一方、難しい計算を暗算でしなければならず、考え込むというような状況では、「アノー」といって考え込むというのはとても不自然で、もしこのような時にフィラーを使うということであれば、「エーット」といって考える方が自然です。マァというのも、「そこでお待ちください」というようなときには使えそうにもありません。

　このような事実は、フィラーは「伝える内容」自体はもっていないけれど、会話の中では、何か他のことをやっているということを示唆しているようです。この章では、フィラーが、会話の中で何をするものなのか、ということについて考えてみたいと思います。

第12章
「アノー、ソノー、エーットね……」何がいいたいの？

2　フィラーは、頭の洗濯機のノイズ？

　まずは、フィラーが会話の中でどのようなことをやっているか、について考えてみましょう。フィラーには大きく分けて3つの特徴があります。
　1つ目は、多くのフィラーが誰か話し相手がいるときに出てくる、ということです。独り言をいっているときには、「エーット、あれはどこへやったかなぁ」ということはあっても、「なんていうか、アノー……こういうことはよくないんじゃないかな」などということはなさそうです。このことから、フィラーは話し相手に対して何かをしている、と考えられます。
　2つ目は、フィラーはどのフィラーを使うかで、ニュアンスが変わることがあることです。たとえば、食事のあとに感想を聞かれたとして、

(4) a．エーット、カニはおいしかったかな。
　　b．マァ、カニはおいしかったかな。
　　c．アノー、ソノ、カニはおいしかったかな。

と答えると、すべてニュアンスが異なっているように感じませんか？ (4)aでは聞かれてはじめて感想について考えを巡らせた、bではいろいろ否定的な感想を考えていたんだろうな、それで一番ましだったカニのことを代表させていってみたんだろうな、そしてcでは、感想をどのようにいったらいいか分からなくなって逡巡したあげくに、結局カニのことを褒めてみた、というようなニュアンスが伝わらないでしょうか。
　3つ目は、多くの場合それが無意識に発せられるというものです。みなさんもご自分の発話を振り返ってみるとすぐに気づくと思いますが、「どうしていまそこでアノーと言ったの？」と聞かれても、理由をいうことはできないと思います。つまり、みなさんが何かの目的をもって意識的にフィラーを使用したというよりも、上のように何かを頭の中で考えている時に思わず出てしまった、というようにとらえた方が、フィラーが会話の中でしていることを正確にとらえられそうです。

フィラー

　このような特徴を考えあわせると、フィラーは「自分の頭の中でおこっている考えや計算やその他の操作を、相手に対して、無意識に知らせてしまう」というようなものである、と考えることができそうです。道路に立っている、駐車禁止や止まれの標識は、何かを前もってお知らせするようなことをしています。フィラーも会話の中で同じようなお知らせをしていると考えて、言語学や日本語学の世界ではフィラーを「**心的操作標識**」（の一種）とすることがあります。

　そこで、繰り返し強調しておかなければなりませんが、フィラーは「私はいま計算中。そのことを相手に知らせなくちゃ！」という気持ちで、相手に対して意識的に発するというものではない、ということです。

　フィラーは、どちらかというと、「洗濯機が出すノイズ」に近いものです。洗濯機は洗濯物を入れてボタンを押すと、水が出る音がシャーっと聞こえ、そのあと、ドラムがぐるぐる回って水をかき混ぜている音が聞こえ、しばらくすると下から水が抜けていく音が聞こえ、さらにそのあとでドラムが高速回転して脱水している音が聞こえます。これらの、洗濯機が出すノイズは、洗濯機が「いまワタクシ（洗濯機さん）はあなた様に、ドラムが高速回転している音をお聞かせして、脱水していることを伝えていますよ」という目的で出しているものでは決してありません。けれども、私たちは洗濯機が脱水という処理を行っていることを、そのノイズを聞くことで察知することができます。

　フィラーがしていることも基本的には同じだと考えることができます。私たちは会話の最中にさまざまなことを考えています。「次は何を話そうかな、あれはなんていうんだっけ？ 全部話すと長くなるよなぁ。ここは別のことばで言った方が相手は傷つかないよな……」などなどです。そのような考え（処理）をする時に、あたかも洗濯機のノイズのように、無意識に現れるもの、けれど、それを聞いた相手には、あなたが頭の中でどのような処理を行っているかのヒントを与えるもの、それがフィラーだということになります。

　次の節では、「エーット、アノー、ソノー、マァ」について、それぞれが頭の中でどのような処理をしている時に現れるノイズであるのか、考

えてみましょう。

3 エー（ッ）ト

　定延・田窪（1995）は、フィラーは伝達の内容を伝えるものではなく、心的操作標識であると考えて、言語学的に分析することが可能であると、いうことを示した画期的な論文です。その中では、エーットとアノーが比較されて、エーットはいえるがアノーがいえない文、アノーはいえるが、エーットがいえない文の両方があげられています。

　　(2) b．386かける78は？　??アノー、30108。

　(2)bの、計算の時にはエーットの方がよくてアノーが不自然になるという例は、この論文ではじめて指摘されたものです。いわれてみれば、なるほどと思いますが、これをはじめて発見するというのはすごいことです。他にも次のような例があげられています。

　　(5)（授業中、教科書を読めと教師にいわれた学生が）
　　　a．ええと、リュウゲンヒゴ、も飛び交った。
　　　b．??あの（ー）、リュウゲンヒゴ、も飛び交った。

　　　　　　　　　　　　　　　　　　　　　（定延・田窪1995: 82）

　「流言飛語」、あることないこと、噂が飛び交うこと、というような意味です。ここでもアノーは不自然になるとされています。
　定延・田窪（1995）では、エー（ッ）トは心内の「**演算領域確保**」という処理を行っていることを表すフィラーであると考えられています。これは、計算や難しい漢字を読むといった、少し頭の中で考えなければならないときに、ちょっと集中するモードに頭の中を切り替えるというように考えると、イメージがしやすいのではないかと思います。(2)bの計算の例は、まさにそのような説明がぴったりです。計算をするために頭

の中を整理して、演算領域を確保するという処理の最中にエー（ッ）トといったと考えることは自然なことです。(5) でも、「流言飛語」という難しい（?）四字熟語に遭遇し、読み方を考えるために演算領域を確保する（厳密には、読み方の場合は「考える」のではなくて、頭の中にある辞書の中の読み方を検索する処理）時にエー（ッ）トが発せられたと考えるのが自然です。

このように、「演算領域確保」という処理と対応していると考えることで、エー（ッ）トの例が説明できるようになります。

4 アノ（ー）

それでは、先ほど説明した例でアノ（ー）はどうして使えないのでしょうか。定延・田窪 (1995) を参照してみましょう。彼らによるとアノ（ー）は「**言語編集**」という処理に対応するとされています。このことを理解するためには、我々が何かを伝えるときに、どのようなプロセスを経てことばが口から出てくるか、ということを考えなければなりません。

まず、何か話すべきことやいいたいこと（これを仮にPとしましょう）が見つかったとします。その前の段階では、特に何も話すべきことはなかったわけですから、Pは何もない状態から作られます。注意してほしいのは、このPはまだ「ことば」にはなっていないということです。頭の中では、イメージ（概念）として作り上げられます。みなさんは、英語を話す時に、慣れてきたら日本語で考えずにいきなりいいたいことから直接

第12章
「アノー、ソノー、エーットね……」何がいいたいの？

英語に直せることに気づいたことがあるでしょう。これはPから英語に直接直しているということを意味しています。Pを日本語にすれば日本語としての「ことば」が、Pを英語にすれば英語としての「ことば」が発せられるというわけです。

(6) O（話すべきことがない状態）→ P（話したいことがイメージになった）
 → L（Pがことばになった）

さて、このPを「ことば」（Lと書きましょう）に直す時には、そのPを表すのにふさわしい単語を集めて、それをうまく文法どおりに並べてことばを作ります。このような操作を**言語編集**と呼びます。アノ（ー）はこのような操作をしている時に現れるフィラーだと考えられます。

だとすると、(2)bと(5)でアノ（ー）が不自然である理由はどのように考えることができるのでしょう。アノ（ー）を使った場合には、計算の答え（これがイメージPです）はすぐに分かったのだけれど、それを「ことば（L）」にするのに手間取っている、と考えることができます。しかし、そのように考えることは普通は自然ではありません。これが、アノ（ー）が不自然になる理由です。(5)でも同じように考えることができて、「流言飛語」という漢字を読むのに、「流言飛語」のイメージ（P）を用いてその単語の発音を編集すると考えることが、普通は自然ではないからです。

定延・田窪（1995）の、フィラーに対するこのような分析方法は、その後のフィラーの研究に大きな影響を与えました。次に、アノ（ー）とよく似たソノ（ー）について、アノ（ー）との違いを考えていきましょう。

5 ソノ（ー）

日本語を母語とするすべての人は、ソノ（ー）よりもアノ（ー）を多用します。私がこれまで調べたところでは、アノ（ー）だけで話しつづける人はいますが、ソノ（ー）だけで話して、アノ（ー）は一切使わないとい

う人はいませんでした。また、ソノ（ー）を使うことができるようになるのは、アノ（ー）が使えるようになる年齢よりもかなりあとではないかと考えられます。きちんとした調査をしたわけではありませんが、小学生がソノ（ー）といっているのを、筆者は聞いたことがありません。

　そして、このことが重要なことなのですが、普段の会話ではアノ（ー）とソノ（ー）の割合はおよそ9:1から8:2程度です。ところが、ニュースのコメンテーターや、大学での講演で話す先生、ゼミで発表して質問をうける学生などはアノ（ー）とソノ（ー）をおよそ7:3くらいの割合で使用するようになります。

　つまり、ソノ（ー）は「難しい話」をすると現れやすくなるということが分かっています（堤2008）。フィラーというのは、話す人によってもかなり個人差がありますが、話す場面によっても現れ方が変わるというのはとてもおもしろい現象ですね。このことも、「難しい話」をする時には普段の話をしている時とは異なった処理が、頭の中で行われていると考えるとうまく説明ができそうです。それではその処理とはどのようなものなのでしょうか。

　ニュースのコメントや大学での講義、あるいはゼミでの発表などは、不特定多数の前で話すという共通点をもっています。不特定多数の人の前で話す時、人は普段よりもことばづかいに気を遣ったり、誤解を招かないような表現を選んだり、あるいは時には、「ちょっと賢そうな」ことばを選んだりさえすることもあるでしょう。つまり、一度作り上げた普段着のことば（L）をもう一度見つめ直し、もっとよい表現（E）に編集し直すという操作をしていると考えることはできないでしょうか。先ほどまでの議論とあわせて表すと次のようになります。

（7）O（話すべきことがない状態）→　P（話したいことがイメージになった）
　　→　L（Pがことばになった）→　E（Lをさらに洗練させた）

　（7）は、LができなければEができないことを表しています。また、LからEへの処理は不必要であれば行われません。このように考えると、

第 12 章
「アノー、ソノー、エーットね……」何がいいたいの？

ソノ（ー）だけで話す人はいないこと、そしてアノ（ー）だけで話す人がいることが説明できます。

6 マァ

　エー（ッ）ト、アノ（ー）、ソノ（ー）が、話すべき内容やことばを探している時に現れるのに対して、マァは話すべき内容やことばはだいたい決まっているが、それをいろいろな理由でまとめなければならないという時に現れるフィラーです。

　長瀬（2014）は、芸能人のインタビューとスポーツ選手の試合後のインタビューを調べた結果、芸能人のインタビューの中で、すべてのフィラーのうちマァが占める割合は15％だったのに対し、スポーツ選手のインタビューでは、マァが占める割合は51％だったと報告しています。明らかに芸能人よりもスポーツ選手の方が、マァを多用する傾向にあることが、数値的にも証明されていますし、また私たちの直感にも合う結果であるといえます。このことはどのように考えればよいでしょうか。

　長瀬（2014）によると、スポーツ選手が試合後のインタビューで聞かれることは、「あのプレーはどうでしたか？」や、「今日の試合全体を振り返ってどうでしたか？」というようなもので、これらの質問の答えは、すでに選手の頭の中にはぼんやりとであるにせよある程度形になっている、と考えられます。限られた時間の中で（しかも試合後のかなりの疲労の中で）、選手は自分の考えをかいつまんで話す必要に迫られています。このようなときに、彼らの頭の中ではいうべきことをまとめて話そうとするような処理が行われていると考えられます。マァはそのような処理が行われるときに発せられる、と考えられるということです。

　このことを裏づけるテストとして、長瀬（2014）ではまとめあげるような文脈と、そうでない文脈を提示して、それぞれの文でマァが使用できるかどうかをアンケートしています。その結果、予想どおり、まとめあげるような文脈ではマァが使用でき、そうではない文脈ではマァは使用できない、という結果になったと報告しています。

(8) まとめあげる文脈がある場合(マァが自然な場合)
　　a．そんな感じでマァよろしくやっといて。
　　b．だからマァそれでいいじゃないか。
　　c．とりあえずマァ言ったとおりにお願いします。
(9) まとめあげる文脈がない場合(マァは不自然)
　　a．×それからマァAさんに伝言があります。
　　b．×さてマァ何を食べましょうか。
　　c．×そういえばマァこんなことがありました。

　この章の冒頭で紹介した(2)c「すみませんが、マァ、あそこでお待ちください」も同じように、まとめあげる文脈がないことによって不自然になると考えられます。
　以上、エー(ッ)ト、アノ(ー)、ソノ(ー)、マァという4つのフィラーを取り上げて、それらが頭の中のどのような処理に対応する心的操作標識であるのかを考えてきました。その他のフィラーにもさまざまな処理が対応していると考えられます。

7　フィラーと発話効果

　この章の最初に、フィラーは、無意識に発せられるものであり、洗濯機が発するノイズと同じようなもので、そこから話し手がどのような処理を行っているのかが分かるものであることを説明しました。
　ただし、このノイズを意図的に発することによって「私はこんな処理を頭の中でやっていますよ」ということをわざと見せようとする場合があります。このような場合、フィラーは意図的に発せられ、なおかつそこには話し手が意図したニュアンスが読み込まれることになります。
　まずは「アノー、すみません」と言って、見知らぬ人に道を尋ねたりするような場合です。「エーット、すみません」というよりも丁寧に響きますね。これは、「あなたに話しかけるために、私はわざわざことばを選びましたよ(言語編集を行いました)」ということが相手に伝わるからだと

第 12 章
「アノー、ソノー、エーットね……」何がいいたいの？

考えられます（定延・田窪1995）。
　次に、ソノーでも同じようなことがおこります。次の会話は、さだまし『解夏』からの引用です。主人公は目の病気なのですが、友人の眼科医に診てもらいます。友人は、主人公の病気が非常に重く、失明することが確実だということを伝えなければならないのですが、ただでさえ衝撃的な事実を伝えなければならないところへもってきて、自分の友人にそれをいうことはとても難しいことです。そのいいづらさを、ソノーが伝えています。「隆ちゃん」が主人公、「博信」が友人の眼科医です。

(10)「眼を見せて」
　　「ああ」
　　眼をのぞきこんで博信は訊いた。
　　「そのお…」
　　「なんだ」
　　「隆ちゃん、…その時…黒目の縁に白く濁ったようなのが現れたって言ったね」
　　　　　　　　　　　　　　　　　　　　　　　（『解夏』p.28）

　このようなソノ（ー）は、相手にとって衝撃的な事実を、できるだけソフトな方法で伝えようとしてLをEに変えようとする処理の中ででてきた、と考えるのが自然です。
　最後に、マァについてですが、マァを多用すると偉そうに聞こえることがあります。これは、「私はあなたに話すべきことをたくさんもっている。しかし、あなたにはそれを全部言っても理解できないだろう。だから、かいつまんで話しています」というような話者の態度が伝わってしまうからだと考えることができるでしょう。そういえば、スポーツ選手ってマァマァといいながら、どこかふてくされているように見えるときがありますね。

8 まとめ

この章では、次のようなことを学びました。

1. フィラーは無意識に発せられ、頭の中でどうのような処理が行われているかに対応する「心的操作標識」である。
2. エートは演算領域確保、アノーは言語編集、ソノーは言語編集されたことばの再編集、マァは話すことをまとめ上げる操作に、それぞれ対応して現れる。
3. 発話効果を狙ってフィラーが意図的に発せられる場合がある。

〈参考文献〉

長瀬優希（2014）「フィラー「まあ」の研究―インタビュー場面の分析を通じた一考察」岡山大学文学部平成25年度卒業論文

定延利之・田窪行則（1995）「談話における心的操作モニター機構―心的操作標識「ええと」と「あの（ー）」」『言語研究』108、日本言語学会、pp. 74-93

堤良一（2008）「談話中に現れる間投詞アノ（ー）・ソノ（ー）の使い分けについて」『日本語科学』23、国立国語研究所、pp. 17-36

感動詞・応答詞・フィラー

このコラムのタイトルになっていることばを、正確に定義するのは大変難しい作業です。それは、学者によって意見が違っていたり、「このことばは本当にフィラーなの?」というようなことがあったりするためです。本文でも書きましたが、これらの語の研究は他の語の研究に比べると歴史が浅く、本格的な研究はまだ始まったばかりだからです。それだけに、皆さんにもおもしろい現象を見つけることができるチャンスが、たくさんある分野だと思います。

以上のような理由から、ここでは、「一応こんな感じで分類できる」というようなものを提示しておきます。

感動詞:あ！ お！ あら！ （呆れたり驚いたりして）まぁ そんな！ など。
応答詞:はい いいえ ふん ほう え? など。
フィラー:えーと あの その なんか まぁ こー やっぱ そうですね など。

たとえば、「そうですね」ですが、スポーツ選手にインタビューすると多用されます。この「そうですね」は、インタビュアーからの質問に対する応答と見ることもできますし、次に何を言うかを考えているととらえればフィラーと見ることもできます。

いずれにしても、これらの語は話し手が頭の中でなんらかの言語的な処理をしていて、そのときに現れるという共通点をもっていて、その点をとらえれば心的操作標識としてまとめられるわけです。

これらの語は、これまでの研究史の中で、何も伝えない、何の情報も持っていない語として、いわば「ゴミ」のように扱われてきました。しかし、鎌田・定延・堤（2015）では、定延氏の発言として、ニックキャンベルという学者の神戸大学での講演を紹介しています。そこでキャンベル氏は、日本語話者の発話の半分近くを占めている、コミュニケーションにとってとても大切なことばを「フィラー」（埋め草）と表現するのは心苦しいのでやめたいと発言された、というエピソードを紹介しています。代わりに"wrapper"（包み込むもの）と呼びたい、ということでした（定延2010、鎌田・定延・堤2015）。ついでにいうと、同じ講演でキャンベル氏は、命題を表す表現（これまで中心に研究されてきた意味や情報を伝えることば）をフィラーと呼ぼうと提案したそうです。

つまり、これらの語は、日本語のコミュニケーションを考える上で、かなり重要であるにもかかわらず、これまでは等閑視されてきた、ということがいえると思います。

冒頭にも書いたように、感動詞・応答詞・フィラーの研究から分かることはまだまだたくさんあると思います。さあみなさん、この興味深い世界へ、足を踏み入れてみませんか？

第13章
「これって今はやりの本ですよね?」「ですです」

この章のポイント

○ 日本語の「です」、丁寧語を学ぶ。

---

1 「です」とは

　みなさんはこれまでに、敬語をうまく使う自信がない、アルバイト中にことばづかいで注意された、といった記憶はありませんか？ 敬語と聞くと、尊敬語（「召し上がる」「お尋ねになる」など）や謙譲語（「申し上げる」「お尋ねする」など）を思い浮かべる人が多いかもしれません。表1は、文化庁が平成19（2007）年度に示した、**敬語の5分類**の説明です。

第13章
「これって今はやりの本ですよね？」「ですです」

表1　敬語の分類（文化庁文化審議会答申「敬語の指針」（H19.2）抜粋）

種類	説明	（例）
尊敬語	相手側又は第三者の行為・ものごと・状態などについて、その人物を立てて述べるもの。	召し上がる、お使いになる、御利用になる
謙譲語I	自分側から相手側又は第三者に向かう行為・ものごとなどについて、その向かう先の人物を立てて述べるもの。	伺う、申し上げる、お届けする、御案内する
謙譲語II	自分側の行為・ものごとなどを、話や文章の相手に対して丁重に述べるもの。	参る、申す
丁寧語	話や文章の相手に対して丁寧に述べるもの。	です、ます
美化語	ものごとを、美化して述べるもの。	お酒、お料理

さて、この中で「です、ます」といった丁寧語が難しいという人はあまりいないかもしれません。では丁寧語は簡単なのでしょうか？　この章では、日本語の中であたり前のように用いられている丁寧語の「です」について、さまざまな角度から考えていきたいと思います。

普段用いている文には、丁寧語がつくものもあれば、そうでないものもあります。ここでは、丁寧語を用いていない(1)aのような文章のことを「**普通体**」、丁寧語を用いた(1)bのような文章のことを「**丁寧体**」と呼ぶことにします。

(1) a.〈普通体〉私は昨日、ケーキを食べた。
　　b.〈丁寧体〉私は昨日、ケーキを食べました。

2　なぜ普通体と丁寧体を使い分けるの？

普通体と丁寧体という2つの文章スタイルは、時と場合によって使い分けられています。この2つはどうやって使い分けられているのでしょうか。例をあげて考えてみましょう。

(2) 自宅やオフィスにいながらにして、24時間ライブで、森林の鳥の

敬語

　　さえずりや川のせせらぎが聞ける――。音響機器メーカーがそん
　　な心洗われるサービス（有料）を始めた。岐阜、宮城に加え、先月
　　下旬からは高知県馬路村からの中継も始まった。
　　　　　　　　　　　　　（『朝日新聞』2013年10月3日、3版、11面）

　(2)のように、新聞記事は普通「**デスマス**」を使わずに書かれていま
す。もしこれを「デスマス」を使った文章にしたら、印象が変わります。
「デスマス」を使った新聞記事を見た覚えがあったら、どんな内容の記事
だったか思い出してみてください。
　次に、大学に入って書く機会の増えるレポートについて考えてみまし
ょう。アカデミック・ライティングなど、日本語の文章表現に関する講
義で教わる内容です。レポートでは、「デスマス」を用いないのが基本だ
といわれます。では、なぜレポートは丁寧体で書かないのでしょうか。
先生に読んでもらうのですから、文章に丁寧さを添えて「デスマス」を
使った方がよいように思えます。それなのにレポートで普通体を用いる
のはなぜかを考えるには、レポートという文章が何を目的にしているか
を改めて考える必要があります。

　(3) 論文の文章は、手紙などと違って特定の人が読むことを前提とし
　　 ていないため、「です・ます」を使わずに書くのが普通である。
　　　　　　　　　　　　（『大学生と留学生のための論文ワークブック』）

　(3)から分かるのは、丁寧体を用いるということは、特定の読み手や
聞き手に向けた表現になるということです。学術的な文章には、個人的
な意見を除いた客観的な表現が望まれます。そのため、特定のだれかに
向けた丁寧体は好まれず、普通体が選ばれるというわけです。
　さて、丁寧体と普通体は、通常、混ぜて用いることはしません。レポ
ートの文体でも確認したとおり、普通体なら普通体、丁寧体なら丁寧体
に統一するのが一般的です。しかし、実際に書かれた文章に目を向ける
と、普通体と丁寧体が混ざった文章を見つけることができます。

第13章
「これって今はやりの本ですよね？」「ですです」

(4)「ああ、そうなんですよ。ひどい目に会わされたのです。大学を出て、しばらく外国を回りました。そして、帰国し、新しい製品を作ったのです。エキゾチックな外見の、台所用品です。小さな工場を作り、生産をはじめた。そのころですよ、やつと知り合ったのは。いかにも親切そうにふるまい、協力的だった。わたしも工場を拡張したいので、彼の手を借りることにした」

（「依頼はOK」『ご依頼の件』）

（4）は、ある男が自身の身の上を話している場面です。丁寧体を基本にした文章ですが、途中から普通体が現れます。聞き手に説明する文体として丁寧体が選ばれながらも、次第に事実を述べ立てる調子に変わります。他にも普通体と丁寧体とが混ざった文章を探してみて、どのような内容の文で普通体、丁寧体が切り替わっているか確認してみるとよいでしょう。

やってみよう！

○ レポートを書くつもりになって、丁寧体から普通体に表現を変えてみましょう。

（例）関ヶ原の戦いは1600年に行われました。
　　　→関ヶ原の戦いは1600年に行われた。
　　①新しい駅は、家から近くて便利です。→
　　②遠くから犬が走ってきます。→
　　③私の妹は中学生です。→
　　④この木は他の木よりも小さいです。→

3　丁寧体は簡単？

　ここまで「デス」と「マス」を丁寧体と呼び、ひとくくりにして見てきました。では、この2つの形はまったく同じように、同じことを伝える表現なのでしょうか。一般的な丁寧体の文章を見てみると、(5)のように「デス」が現れたり、「マス」が現れたりしています。

(5) 今年も残すところ、2週間を切りました。これから年末の大掃除という方も多いのではないでしょうか。その際、頭の片隅に入れておきたいのが、パソコンの清掃です。パソコンの汚れは、性能に影響を及ぼすこともあります。
　　　　　　　　　　　　　　（『てくの生活入門』2015年12月19日、朝日新聞）

　(5)に出てきた「デス」「マス」の表現を「デス」は「マス」に、「マス」は「デス」におきかえることができるでしょうか。

(6) a．2週間を｛切りました／*切るでした／?切ったです｝。
　　 b．多いのでは｛ないでしょうか／*なくましょうか／ありませんか｝。
　　 c．パソコンの清掃｛です／*ます｝。

　(6)の「*」の記号は文法的に誤った文、「?」の記号はその判定に迷うものにつけています。上にあげたように、「デス」と「マス」の表現が複数ある中、ひとつの表現が選ばれる場合もあれば、(6)cのように、どちらか一方しか使えない場合もあります。(6)aの「切ったです」のような形式については、4節で述べます
　では次に、普通体と丁寧体の形式を述語の品詞別に見比べてみましょう。「デス」と「マス」のそれぞれの形式にも注目してください。

第13章
「これって今はやりの本ですよね？」「ですです」

表2 述語における丁寧さの形式（『現代日本語文法』⑦をもとに作成）

	普通体		丁寧体（デスマス体）	
	肯定	否定	肯定	否定
動詞述語	食べる	食べない	食べます	食べません 食べないです
	食べた	食べなかった	食べました	食べませんでした 食べなかったです
形容詞 （イ形形容詞述語）	忙しい	忙しくない	忙しいです	忙しくありません 忙しくないです
	忙しかった	忙しくなかった	忙しかったです	忙しくありませんでした 忙しくなかったです
形容動詞 （ナ形形容詞述語）	元気だ	元気ではない	元気です	元気ではありません 元気ではないです
	元気だった	元気ではなかった	元気でした	元気ではありませんでした 元気ではなかったです
名詞述語	学生だ	学生ではない	学生です	学生ではありません 学生ではないです
	学生だった	学生ではなかった	学生でした	学生ではありませんでした 学生ではなかったです

　この表は、品詞ごとに普通体、丁寧体の表現を並べ、肯定・否定の形を示したものです。そして品詞ごとに上段に現在形、下段に過去形が示してあります。この表を見て気づくことをあげてみましょう。まず、普通体の肯定・否定、丁寧体の肯定の欄には表現が1つしかありませんが、丁寧体の否定には「ません」「ないです」という2つの表現があります。また、丁寧体の中でも、肯定の形を見ると、「デス」は形容詞、形容動詞、名詞につく一方、「マス」がつくのは動詞のみであることも確認できます。この他、「デス」には「はい、そうです」のように感動詞につく例もあり、丁寧体は基本的に、動詞にはマス、それ以外にはデスをつけて作ります。

4　「デス」と「マス」の使い方

　ここでは「デス」と「マス」、それぞれの使い方について、もう少し詳しく見ていきましょう。

(7) 今日は、散歩へ｛行かないです／行きません｝。
(8) 田中はいま、｛忙しくないです／忙しくありません｝。

　(7)(8)は、「デス」と「マス」のどちらを用いてもよい表現です。(7)(8)にある「〜ないです」「〜ません」はどちらも文法的には誤りのない表現ですが、「行かないです」のような否定の「ない」に「デス」を加えた形はやや幼い印象をうけます。また、「楽しいです」のように形容詞にそのまま「デス」をつける形も、かしこまった調子では用いられない傾向にあります。

(9) 朝ごはんを｛?食べたです／食べました｝。
(10) 昨日はテレビを｛見なかったです／見ませんでした｝。

　(9)(10)のように、過去を表す場合は、基本的に「マス」が用いられます。(9)の「食べたです」のような表現は、いわゆる**幼児語**として扱われています。(10)の「見なかったです」も「見ませんでした」に比べると、(7)(8)と同じく、幼い印象をうけます。また、「見ませんでした」という表現は、「マス」も「デス」も用いた形になっています。
　この他、「デス」にしかない表現に、「デス」を重ねたり、「デス」に終助詞をつけたりして作られる文があり、若い人たちの間でよく用いられています。(11)の「ですです」や(12)の「ですよねー」のような「デス」を用いた表現は、どんな人に対しても使えるわけではありません。主に使われるのは、年上で距離の近い人物に対してです。

(11) 先輩「田中君は、たしか、君と同じ学年だっけ？」
　　　後輩「ですです。」
(12) 美容師「美容院って土日、休みじゃないんでー。」
　　　客「あー、ですよねー。」

　「デス」と「マス」は、3節で見たように、「デス」が品詞の種類を問わ

ず前の語につづくことができるのに対し、「マス」が接続できる品詞は動詞に限られています。形の面でも、単純にうしろにつづけばよい「デス」に比べ、「マス」は「行く―行きます」のように、接続する語の形を連用形に変える操作が必要です。「マス」は、使うのに手間がかかるうえ、狭い範囲でしか使えません。そうは言っても、「行くです」のように、動詞に「デス」をくっつけるのはまだ難しいようです。

しかし、現代語には「デス」から形を変えた「っす」という便利な形があります。「走るです」という表現はあまり使いませんが、「走るっす」や「がんばるっす」のような形であれば、周囲に使っている人もいそうですね。

このように「マス」より使える範囲の広い「デス」が、動詞にもあたり前のようにくっつくようになれば、丁寧語が「デス」に一本化されてしまう日も、そう遠くないかもしれません。

やってみよう!

○ 次のa～eは、マンガ『銀の匙』の登場人物（主人公の後輩にあたる女子学生）の「っス」の使用例です。「っス」はどのような語についていますか。またすべての「っス」が「デス」とおきかえることができるかどうか、確認してみましょう。

a.「………こんちはっス…／自分…今年からエゾノ一生っス。」
b.「酪科の一般入試受け直し!?」「…っス！ 定員一名空いてたんで！」
c.「エゾノ一祭で傷害馬術とばんば見たっス!!」
d.「はっ…はい!!　ありがとうございまっス!!」
e.「まちがいなく入部するっス!!」　　　　　　　　（『銀の匙』⑫）

5　デスマスの生い立ち―昔の人は丁寧でなかったのか

「デスマス」といえば、標準語のイメージが強く、現代では標準語の代表のように扱われています。ですが、たとえば『源氏物語』のような平安時代の作品には見られません。近代の国語調査（(13)）を見ると、「デス」がそれほど古くから用いられてきたものではない、という認識が確認できます。

(13)「です」わ、随分古くから、つかつて来た語のようであるが、江戸でわ、元と、芸人言葉で、軽薄な口調の「でげす」などゝ同じものヽで、明治以前わ、咄家、太鼓持、女芸者、新吉原の茶屋女などに限つて、用いられて居たもので、その女が素人になつても、「です言葉」が出て咎められて、困つたもので、町人でも、身分のある者わ、男女共に、用いなかつた。それが、今のように、遍く行われるようになつたのわ、明治の初に、田舎の武士が、江戸へ出て、柳橋新橋あたりの女芸者などの言葉で聞いて、江戸の普通の言葉と思つて、真似始めたからの事であろう。それであるから、餘り馨ばしくない語でわあるが、今でわ、身分のある人々まで用いられ、もはや止められぬ程の言葉となつた。（『口語法別記』）

では、「デス」や「マス」はいつごろから使われるようになったのでしょうか。「デスマス」の出てくる古い資料には、室町時代末（16世紀後半ごろ）の狂言資料があげられます。

第13章
「これって今はやりの本ですよね？」「ですです」

(14) a．罷出たる者は、東国にかくれもなひ大名です。
　　　　　　　　　　　　　　　　　　　（『虎明本狂言』入間川）
　　 b．(お勢→文三)「アラ月が……まるで竹の中から出てるやうですよ」
　　　　　　　　　　　　　　　　　　　　　　　　　　（『浮き雲』）
(15) a．酒はあまうくさうて、のまれますまひ程に、御無用で御座る
　　　　　　　　　　　　　　　　　　　（『虎明本狂言』河原太郎）
　　 b．(母→かみさま)「私の目つまをしのんでは休みたがります。今日もちやんとお爺さんをだまかして、お休に致しました。兎角おとつさま殿が、あまやかし過てこまります。それだから、私のいふことはさつぱりお取上なしさ」　　　（『浮世風呂』)

　(14)aの「です」は、話し手である大名の尊厳を表す意味をもち、もとの形は「にて候」だったと考えられます。一方、(14)bは「にてござります」由来の丁寧語と見られます。(15)では丁寧の意味で「ます」が用いられています。
　「デスマス」が用いられる以前は、日本語には丁寧語がなく、人々の会話は粗野で乱暴なものだったのでしょうか。それとも、「デスマス」とは異なる形式が丁寧さを表す表現を担っていたのでしょうか。「デスマス」以前の丁寧の形式を紹介すると、「侍り」「候ふ」などの形式が「デスマス」と似た働きをもっていました。これらは、その場にお仕えして存在するという意味で、本来は謙譲語であったものが、次第に丁寧語として用いられるようになったといわれています（金水2011）。つまり、話題の中の人物に対して用いていた敬語が、聞き手に対して用いているようにもとらえられるようになり、丁寧語に変化した、ということです。また「侍り」については、(16)のように、平安時代には丁寧語的な性質をもっていたことも指摘されています（森山2014）。

(16) 〔僧都→尼君〕「この上の聖の方に、源氏の中将の、瘧病（わらはやみ）まじなひにものしたまひけるを、ただ今なむ聞きつけはべる。」【この上に住む聖の方に、源氏が病気を治しにいらっしゃったのを、たった

　　　　いま聞きつけました。】　　　　　　　（『源氏物語』若紫）

　「デスマス」という形式こそ用いていまませんが、1000年近く前から、話している相手に対して敬意を払う必要が、円滑なコミュニケーションに求められていた、ということが分かります。

6 「デスマス」は標準語？—方言では

　次のような「デスマス」を使わない表現を聞くと、どのような印象をもちますか。(17)は尊敬語のみが用いられる表現です。

（17）どこから来られた？（「来られる」は「来る」の尊敬語）富山県

　表3は、富山県の五箇山方言の「行く」に見られる形式を示しています。五箇山は伝統的な方言を多く残している地域です（第10章4節参照）。

表3　五箇山方言における「行く」の待遇形式

	丁寧語不使用（−）	丁寧語使用（＋）
尊敬語不使用（−）	I. イク	II. イキマス
尊敬語使用（＋）	III. イカレル	IV. イカレマス

　この地域では、「どこへ行く？」のような「イク」という［−尊敬語、−丁寧語］の形式（尊敬語も丁寧語もつかない形式）が広く用いられています。また、敬意を払って表現する場合、「イカレル」という［＋尊敬語、−丁寧語］の形式も用いられます。一方、標準語では、丁寧語をつけずに、たとえば動詞の「書く」の部分を尊敬語にした「お書きになる」という表現だけでは使いにくくなっています。「書く」に対して「書きます」のような丁寧語使用の段階があって、それ以上に敬意を払うなら、「お書きになります」という尊敬語もあわせて用いた形式が用いられます。(18)では、五箇山方言と標準語とを、敬意の度合いが低い方から並べています。

(18) a.［五箇山方言］イク＜イカレル＜イカレマス
　　 b.［標準語］イク＜イキマス＜イカレマス

　2つを見比べると、丁寧語の「マス」が加わる段階が違う点に気づきます。2009年〜2010年に実施した五箇山方言の60代女性の調査では、「イキマス」のような形式は、標準語であるという意識が強く、距離の遠い人物であれば用いることがある、という回答もありました。この地域での「イキマス」は、少し堅苦しく大げさな印象を与えるものと考えられます。標準語と同じ形をしていますが、違う働きをしているのです。

7　まとめ

　この章では、敬語のひとつである丁寧語の「デスマス」について考えました。「デスマス」を用いる丁寧体と普通体との違い、さらに丁寧語の中でも「デス」と「マス」の使い分け、また標準語の代表のようにとらえられている「デスマス」が歴史的にはいつごろ生まれたものか、そして方言ではどのように取り入れられているかについて話してきました。
　まとめると、次のようになります。

1. デスマスは聞き手・読み手など特定の人にめがけた敬意をもつ。そのため、レポートのような事実を述べて、考察する文章には好まれない。
2. デスとマスは形がそろっていない。マスは動詞のみに接続し、さらに動詞であっても否定形を過去形にする場合はデスをつける必要がある。
3. デスマスはいまや標準語として用いられているが、16世紀後半ごろから見られる語である。それ以前も、聞き手に対する敬語は必要とされており、「侍り」など別の形式が担っていた。
4. デスマスは方言の中にも組み込まれつつあるが、聞き手に敬意を表すときに、「イカレル」という尊敬語の形式が好まれるか、「イキマ

ス」という丁寧語の形式が好まれるかという点で、標準語と異なる方言もある。

〈参考文献〉

金水敏（2011）「第9章：丁寧語の語源と発達」高田博行・椎名美智・小野寺典子（編著）『歴史語用論入門―過去のコミュニケーションを復元する』シリーズ・言語学フロンティア3、大修館書店、pp. 163-173

国語調査委員会（編）（1917）『口語法別記』、国立国会図書館デジタルコレクション

日本語記述文法研究会（2009）『現代日本語文法⑦ 談話・待遇表現』くろしお出版

浜田麻里・平尾得子・由井紀久子（1997）『大学生と留学生のための論文ワークブック』くろしお出版

文化庁ホームーページ（http://www.bunka.go.jp/）内「敬語の指針（答申）」（平成19年2月2日）

森山由紀子（2014）「第3章 11世紀初頭の日本語における聞き手敬語「―はべり」の方略的運用―社会言語学的要因と語用論的要因をめぐって」金水敏・高田博行・椎名美智（編）『歴史語用論の世界 文法化・待遇表現・発話行為』ひつじ書房、pp. 44-74

ら抜き言葉

　2016年9月に文化庁が発表した2015年度「国語に関する世論調査」で、「見られた」「出られる」に対して「見れた」「出れる」といった、いわゆる"ら抜き言葉"を使う人の割合が、1995年の調査開始以来初めて上回った、という話題がニュースになったのをご存知ですか？ら抜き言葉は社会的に高い関心がもたれていることがわかります。一般的にはら抜きは「正しくない日本語」「乱れた日本語」と受け取られることも少なくありません。

　ら抜きには、動詞の種類（五段動詞か一段動詞か）とレル・ラレルが持つ受身・尊敬・可能という3つの意味が関わっています。これらの関係をまとめると以下のようになります（形の対応がわかりやすいようアルファベットで示しています）。

	五段動詞	一段動詞
受身	読まれる　yom-areru	見られる　mi-r-areru
尊敬	読まれる　yom-areru	見られる　mi-r-areru
可能	読める　　yom-eru	見られる　mi-r-areru → 見れる　mi-r-eru

　このうち、一段動詞の可能の意味を表す場合に、「見られる→見れる」となるのがら抜き言葉です。受身・尊敬の場合にはら抜きにはなりません。

　一段動詞は受身・尊敬・可能を全て同じ方法（+r-areru）で作ります。一方、五段動詞では可能の意味は可能動詞という特別の形で区別しています。さらに、その形を見ると、五段動詞の語幹（yom-）に、-eru が付くことによってできていることがわかります。そこで、一段動詞も可能の意味には語幹（mi-r-）に -eru をつける（mi-r-eru）という方法をとれば、可能の意味を区別でき、しかも五段動詞と一段動詞が同じ方法で語形変化できます。このように、ら抜きは、単純に「ら」が省略されるという現象なのではなく、その背景には、五段動詞に類推して、動詞の語形変化をより合理的にし、可能表現を差異化しよう（機能負担量を軽減しよう）という動機が働いていると考えられます。

　「国語に関する世論調査」によれば、ら抜きの使用率はまだ半分程度です。ただし、より若い世代の使用率が高い、語によって使用率が異なる（「考える」「整える」のような拍数の多い語はら抜きにしにくい）、方言差がある（中部や中四国などでより進んでいる。渋谷1993、井上1998参照）などの傾向が見られます。ら抜きは現在進行形の文法変化で、使用する／しない人・場合が混在している過渡期なのです。

　そもそも可能動詞の成立は室町～江戸後期にまで遡ります（青木2010）。そこから考えれば、この可能をめぐる形態変化は200～300年前から始まり現在も進行しているわけです。その数百年の変化の只中に自分たちがいる、と考えると、とても不思議な感じがしますよね。

第14章
「だから、でも、では……」文と文をつなげる架け橋

接続詞

この章のポイント

- 接続詞の使い方を中心として、接続詞について学ぶ。
- 書きことばだけでなく、話しことばのコミュニケーションで用いられる用法について知る。

---

1 接続詞はいつ、どこで、どれを使う？

「"接続詞"について知っていることを言ってみてください」といわれたら、なんと答えますか？「でも、とか、だから、とかのこと」「文をつなぐことば」「国語の試験問題で空欄になっているところ」「英語のbutとかandは接続詞」などなど、いろんな答え方があると思います。「接続詞」と呼ばれるのはどの表現のことか、まず表1（市川1978）を見ながら確認してみてください。

第14章
「だから、でも、では……文と文をつなげる架け橋」

表1　文の連接関係

順接型	前文の内容を条件とするその帰結を後文に述べる型。 だから・それで・そこで・そのため・すると・その結果　など
逆接型	前文の内容に反する内容を後文に述べる型。 しかし・けれども・だが・それなのに・ところが・それが　など
添加型	前文の内容につけ加わる内容を後文に述べる型。 そして・それから・それに・さらに・しかも・また　など
対比型	前文の内容に対して対比的な内容を後文に述べる型。 いっぽう・逆に・それとも・または・あるいは　など
転換型	前文の内容から転じて、別個の内容を後文に述べる型。 ところで・さて・では・ともあれ・それはそうと　など
同列型	前文の内容と同等とみなされる内容を後文に重ねて述べる型。 すなわち・つまり・要するに・せめて・とりわけ　など
補足型	前文の内容を補足する内容を後文に述べる型。 なぜなら・というのは・だって・なお・ちなみに　など
連鎖型	前文の内容に直接結びつく内容を後文に述べる型。

　表の左側に「順接」「逆接」「添加」「対比」「転換」「同列」「補足」ということばがあり、右側にそれぞれの説明とその用法をもつ接続詞が書かれています。上から順に確認していった人は、最後に「あれ？」と思いませんでしたか。最後の「連鎖型」については、接続詞の例がありません。前の文とうしろの文が直接結びつくと書いてありますが、要は接続詞なしでうしろの文につづくという場合です。このように書くと、とても特殊な例のように思えるかもしれませんが、実は、いまみなさんが目にしているこの段落には接続詞が使われていません。……となると、接続詞なんかなくてもいいんじゃないのということになりますが、これが接続詞の使い方の要点でもあり難点でもあります。レポートや論文の書き方の本を見ると、「接続詞を正確に使おう」とか「適切な接続詞を使用して論理的に書こう」といったことが書かれていますが、じゃあ、どんなルールがあるのか、といわれれば、「いつも要るわけじゃないけど、あると便利だし、ないと困るときがある」ということになりそうです。
　では、なぜこのような歯切れの悪いことしかいえないのか、その理由を探るため、まず、普段目にする文章の中で接続詞がどのように使用さ

れているのかを振り返ってみましょう。

(1) 貨幣というのは、カール・マルクスによれば、「究極の商品」です。貨幣は商品だったんですよ。知りませんでした?
ふつう、商品は商品で、お金はお金で別のものだと思いますよね。
でも、そうじゃないんです。貨幣は商品なんです。
だから、お金でものを買うのは、物々交換なんです。
『資本論』というのは、「貨幣とは商品である」という話から始まる本です。
では、貨幣の商品としての性格はどういうものでしょう?
(内田樹『先生はえらい』)

こういった文章は、新書や大学の授業で使っている概説書でおなじみのものですね。接続詞を用いながら、貨幣に関する説明の文章がなめらかに展開されています。

次に、ちょっと違うタイプの文章を考えてみましょう。下のような出来事があったとします。この出来事を友達に説明するとしたら、あなたならどんなふうに説明しますか。試してみてください。そして、どのような接続詞を使ったか、チェックしてみてください。

(2) いつもの電車に乗った → 席に座った → 隣の人のスマホ画面がたまたま見えた → 待ちうけが自分の恋人の写真だった → 隣の人の顔をよく見てみた → 隣の人は知り合いではないと分かった → このことを恋人に話すかどうか考えている → 話さない方がいいと思う → 話した方がいいとも思う → どうしたらいいか分からない

どこにどんな接続詞を使うか、人によって違いがあると思いますが、おそらく、「そしたら」「で」「けど」等、何か1つか2つぐらいは接続詞を使いながら話を進めたのではないでしょうか。

第14章
「だから、でも、では……文と文をつなげる架け橋」

　それでは、今度は書きことばの例を見てみましょう。

（3）関西圏と福岡市が国家戦略特区を活用した外国人材の受け入れで先行する見通しになった。政府が6月下旬から各地域で開く区域会議で、関西と福岡は家事支援や創業促進に外国人の活用を事業計画に盛り込む。東京など他の地域でも、7月以降、規制緩和を活用した事業計画の話し合いが始まる。
（日本経済新聞2014年6月18日14版4面「特区の外国人受け入れ　関西・福岡で先行　家事支援など」）

（4）第二十六条　すべて国民は、法律の定めるところにより、その能力に応じて、ひとしく教育を受ける権利を有する。
　2　すべて国民は、法律の定めるところにより、その保護する子女に普通教育を受けさせる義務を負ふ。義務教育は、これを無償とする。
（日本国憲法　第3章　国民の権利及び義務）

　上の2つの文章では、いずれも接続詞が1つも使われていませんが、文章の意味理解にはまったくさしつかえがありません。それならば、接続詞はなくてもいいのでしょうか。先に見た（1）の文章について、接続詞を使わないでおくとどのような文章になるでしょうか。

（5）貨幣というのは、カール・マルクスによれば、「究極の商品」です。
　貨幣は商品だったんですよ。知りませんでした？
　ふつう、商品は商品で、お金はお金で別のものだと思いますよね。そうじゃないんです。貨幣は商品なんです。
　お金でものを買うのは、物々交換なんです。
　『資本論』というのは、「貨幣とは商品である」という話から始まる本です。
　貨幣の商品としての性格はどういうものでしょう？

意味が分からなくはありませんが、唐突な感じがあり、やはり接続詞がある方が読みやすいですね。

もう1つ例を出しましょう。次のような文章にも接続詞はあった方がいいのでしょうか。

(6) 一週間たっても電話はかかってこなかった。直子のアパートは電話の取りつぎをしてくれなかったので、僕は日曜日の朝に国分寺まででかけてみた。彼女はいなかったし、ドアについていた名札はとり外されていた。窓はぴたりと雨戸が閉ざされていた。管理人に訊くと、直子は三日前に越したということだった。どこに越したのかはちょっとわからないなと管理人は言った。

(村上春樹『ノルウェイの森』(上) 講談社文庫 p.87)

この文章のどこかに適切な接続詞を補うとすればどうなるでしょうか。それとも、接続詞を入れない方がいいでしょうか。接続詞を入れると、この文章の味わいは確実に変わるでしょう。つまり、接続詞がない方がいいという文章もあるわけです。

ここまでいくつかの例をあげてきましたが、接続詞が用いられやすい文章のジャンルとはどのようなものでしょうか。石黒（2009）によると、社説、コラム、エッセイ、シナリオ、小説、論文、講義の7つのジャンルについて調べた結果、それぞれの接続詞の使用頻度は、

①講義（36.9%）　②論文（25.5%）　③エッセイ（13.3%）
④新聞の社説（12.2%）　⑤小説（10.4%）　⑥新聞のコラム（7.9%）
⑦ドラマのシナリオ（3.0%）

となっています。

また、これらのジャンルの中で、具体的にどのような接続詞が用いられることが多いのかという結果も紹介されています。それによると、講義以外のジャンルでは、どのジャンルでも「しかし」「だが」「でも」と

いった逆接を表す接続詞がトップです。さらに、「社説とコラム、論文と講義、エッセイと小説の接続詞の分布が似ている」(石黒2009)ということも指摘されており、このことから、文章のジャンルによって使用する接続詞の傾向が異なっていることが分かります。

　先ほど接続詞の使い方について、「いつも要るわけじゃないけど、あると便利だし、ないと困るときがある」という、なんともはっきりしない説明をしました。接続詞が使用されやすいジャンルとそうでないジャンルがあり、さらに、使用されるジャンルの中でもどのような接続詞が用いられるか偏りがある、という上記の研究結果がその説明の理由です。いつでもどこでもなんでも適当に使えるわけではない（しかも、使わない方がいいときもある）というのが接続詞なのです。

ココ！

○ どんなジャンルで、どんな接続詞を用いるかについては、一定の傾向がある。

2　日本語学における接続詞

　「接続詞」には、他にも「**接続副詞**」「**接続語**」「**接続表現**」「**副用語**」など、さまざまな名称がありますが、いったい「接続詞」とはどのようなものをさすのでしょうか。石黒（2008）の中では、接続詞について明快な解説が与えられています。そこで、ここでは同書に見られる接続詞の定義を引用しておきましょう。

(7) 接続詞とは、独立した先行文脈の内容を受けなおし、後続文脈の展開の方向性を示す表現である。
　　　　　　　　　　　　　　　　　　　　　　　　　（石黒2008）

前とうしろをつなぎ、話の方向を示す、といった点では、みなさんが「接続詞」と聞いてイメージしたものとだいたい一致する説明ではないかと思います。では、日本語学という学問分野の中で接続詞はどのようなものととらえられているのでしょうか。

日本語学という学問領域全体から見ると、これまで接続詞そのものに関する研究は中心的なテーマとして扱われてきたとはいえません。たとえば下記のような日本語を扱う全集において、接続詞について知りたいと思ったら、どこを読めばよいでしょうか？

(8)『現代日本語講座』明治書院
第1巻 言語情報／第2巻 表現／第3巻 発音／第4巻 語彙／第5巻 文法／第6巻 文字・表記

答えは「第5巻 文法」です。ただし、この第5巻の中に、接続詞だけを詳しく扱った章があるわけではなく、「日本語の形態論」「日本語の文の成分」などの章でわずかに触れられているというのが実情です。それだけに、今後さらに研究を進めるべき分野でもあるといえます。

3　接続詞は難しい？

先ほど、接続詞は日本語学の中で中心的なテーマではないといいましたが、一方で、接続詞は「難しい」といわれることがあります。1つは使い方が難しいという意味であり、また、研究対象として難しいという意味にもとれます。

まず、研究対象として難しいとはどういうことでしょうか。上に紹介したように、接続詞のことを調べようと思ったとき、どんな概説書を読めばいいのか、とまどうことがあります。索引から調べてみても、おざなりな説明がひととおりあってそれで終わりということもあります。それは、接続詞の成り立ちと関係があるのではないでしょうか。接続詞について歴史的に見てみるならば、もともと接続詞として使われていたと

第14章
「だから、でも、では……文と文をつなげる架け橋」

思われることばはほとんどないといわれています。指示詞(それ+で)、接続助詞(〜だけど、〜→〜。けど、)、動詞(依る→よって)など、他の品詞を使ってできたものが多いのです。つまり、日本語の語彙の中で、もともとあったことばではなく、他の品詞から作りだされた比較的新しいことばなのだと考えてよいでしょう。

次に、使い方が難しいとは、どういうことでしょうか。第1節の最後で、「いつでもどこでもなんでも適当に使えるわけではない(しかも、使わない方がいいときもある)」という、まとめにならないまとめを書きました。このように使用法がはっきり定まらないということから、使い方が難しいということがいえそうです。

もう1つ、**言語発達**の面から見てみましょう。

一般的に、子どもの言語発達において、接続詞は他のことばに比べて使えるようになるのが遅いといわれています。生まれてから2〜3カ月で「あー」「うー」のような音を出すのに始まり、「わんわん、きた」「まんま、ちょうだい」のようなごく簡単な文を話すのが2歳ごろといわれています。その後、文を接続詞でつないで話すようになるのは3〜4歳だそうです。だいたい幼稚園に入るころですね。

接続詞

　子どものことばの発達スピードには目を見張るものがありますが、はじめて話したことばが「だから！」とか「ところで！」という子どもは、なかなかいないのではないでしょうか。
　話をもとに戻すと、第1節であげた例のように、接続詞は日本語の文を作る際に、必須の要素というわけではなさそうです。だからといって、まったくなくてもいいわけでもありません。また、同じ文章の中でも、人によって、その箇所に接続詞を入れるか入れないか（またはどちらでもいいか）、そして何を使うか、その人の好みがあります。
　「順接」「逆接」のような意味を理解して使うことはさほど難しくなくても、使い方については、これ以外はすべてまちがいだ！ という1つの答えがなかなか決まりません。これが絶対に正しい！ という唯一無二のルールがないため、使い方の正誤判断がしにくくなるのです。
　「順接」「逆接」のような意味を理解して使うことはさほど難しくない、と書きましたが、これについても常に全員一致の完全な答えがあるわけではありません。
　たとえば、下の文を見てください。

（9）牛乳が苦手だ。＿＿＿＿＿＿毎日がんばって飲むことにしている。

この文の下線のところに接続詞を入れる場合、どんなことばを入れますか。たとえば、

（10）牛乳が苦手だ。　でも　毎日がんばって飲むことにしている。

のように、いやだけれど、健康のために飲んでいる、というような意味の文にすることができますね。それでは、次の文はどうでしょうか。

（11）牛乳が苦手だ。　だから　毎日がんばって飲むことにしている。

　これだと、いやだけれど、健康のためにはいいので飲んでいる、とい

第14章
「だから、でも、では……文と文をつなげる架け橋」

うような意味でしょう。
　（10）と（11）を比べると、接続詞の前とうしろの部分は同じでも、逆接を表す「でも」と順接を表す「だから」のように、まったく反対の性質のことばを入れることができます。これはなぜでしょうか。
　この二つの例では、牛乳が苦手ということと毎日がんばって飲んでいるということ、それぞれの表す内容は異なりませんが、前のことがらとうしろのことがらを書き手がどのように関連づけているか、という点が異なっているのです。
　つまり、接続詞は、その書き手が前の文とうしろの文をどのような関係として読み手に解釈してほしいかという意図の現れなのです。そのため、同じことがら同士を接続する際でも、どのような接続詞を用いるかは書き手によって異なることになります。
　これを読み手の立場から考えると、書き手の意図の現れである接続詞は、読み手にとっての道路標識のようなものです。書き手がめざしている目的地（＝文章の結論）にたどり着きたければ、読み手はその標識（＝接続詞）がさし示すとおりに解釈しなければならないのです。
　文章を読んでいて、どうも分かりにくい、全体のつながりが理解できないと感じた場合、書き手が接続詞によって指示している解釈のしかたが読み手において成立しにくいのです。つまり、前の文とうしろの文について、書き手と同じように関連づけたり解釈したりできないとき、その文章は読み手にとって分かりにくいものとなる、といえます。

ココ！

○接続詞は、書き手の意図の現れであり、読み手にとっての"道路標識"である。

4　接続詞の使い分け

　普段、みなさんはどのように接続詞を使い分けているでしょうか。誰かと話すときにいちいち接続詞なんか考えてしゃべっていない、というのが普通かもしれませんね。みなさんにとって、次のような文はごく普通の文でしょうか。

（12）来週、バイトの予定が変更になりました。なので、発表の順番を変えていただけませんか。

　授業で発表担当日を決めたけれど、アルバイトのシフトが変わったので、発表日の変更を申し出るというメールの一部分だと思ってください。いいたいことはよく分かります（希望どおりになるかどうかは別として）。問題なのは、「なので」という形です。
　よく、あることばが正しいとか、まちがっているとかいうときに、辞書に載っているから（または、載っていないから）、ということがいわれます。現在では、「なので」を掲載している国語辞典とそうでない国語辞典が混在しており、この点からは決着がつきません。
　しかし、みなさんの中に、大学の課題レポートや小論文で「なので」を使って、後でまちがいとして直されたという人はいませんか？ レポートの書き方に関する参考書もたくさん出ていますが、どの本を見てもおそらく、「なので」を使いましょう、と書いている本はないと思います。これは、「なので」ということばがレポートというジャンルには不適切だということです。意味は分かるが、使う場面がまちがっている、ということになります。
　同じような例として、「でも」があります。レポートを書く際に、

（13）クールビズが提唱されて10年近くになる。でも、その効果がどれほどのものであったかについての検証は十分ではない。

のように書くと、必ず添削されるはずです。話しことばでは問題ありませんが、これもやはり、「でも」はレポートというジャンルには不向きのことばであるためです。

　上記のケースとは反対に普段親しい人と話すときやカジュアルな雑談で、「かつ」とか「あるいは」とか「そのため」のような接続詞を使う人も、あまりいないのではないでしょうか。

　このように、接続詞の使い分けは、その接続詞の意味だけではなく、どんな文章で使うか、どんな場面で使うか、という要因も考える必要があります。

5　接続詞のTPO──コミュニケーションツールとしての接続詞

　ここまで読んでみて、接続詞は書きことばの中で使うというイメージが強くなったかもしれませんが、ここからは話しことばの中で使う接続詞がそれぞれどんな働きをしているのか見ていきましょう。

　まず、文章中での接続詞の働きは、読み手に対して書き手が、前の文とうしろの文を、どのようなつながりとして解釈してほしいかを指定する、ということです。

　また、文章を読んでいく途中で接続詞にいきあたった場合は、接続詞によってその後にどのような内容がつづくのか、ある程度予測することもできます。書き手や話し手にとっての接続詞は、つづく内容を予測させる先ぶれとして使用することができる一方、読み手や聞き手にとっての接続詞は、つづく内容を予測しておく備えとしてとらえることができるでしょう。

　以下では、表1であげた類型（グループ）のいくつかを取り上げ、コミュニケーション上、どんな働きをするのか、どんな時に使えるか、使うとどんな効果があるのか、また、どんな印象を与えるのかを見ていきましょう。

5.1 順接:「ふん。それで?」
順接のグループの接続詞として「それで」があります。

(14)「電車が遅れて、シャトルバスに乗れなかったんです。」
　　「<u>それで</u>、遅刻したということですね。」

「それで」は、前の文がうしろの文の出来事の原因や理由を表します。(14)のように発話の最初に用いると、相手のことばを解釈して自分が導きだした結論をいうということになります。さらに、

(15)「電車が遅れて、シャトルバスに乗れなかったんです。」「ああ、<u>それで</u>。」

のように、「それで」につづく部分がなくても使えます。この場合、時間に遅れた理由が分かって納得した、ということを表し、相手のことばに対するあいづちのような働きをします。

(16)「昨日、セールに行って、靴買ったんだ〜。」
　　「ふ〜ん、<u>それで</u>?」

友達にこんなふうにいわれたら、どんな印象をうけますか。何か怒っているのかしら、虫の居所が悪いのかな、などと思うのではないでしょうか。「それで」は、前のことがら（ここでは、昨日セールに行って靴を買ったこと）から導きだされる結論を後続させる接続詞のはずですが、(16)のように「それで?」のみの問いかけは、セールで靴を買ったことにより何がおこったのかをいわせるという促しになります。また、口調によっては、促しをとおり越して、靴を買ったことによる結論をいわせたいというよりも、その結論は自分にとってはどうでもよい、関心がないといういらだちを表明していることもあるでしょう。
　もう1つ、次のような例ではどうでしょうか。

(17)［一昨日も昨日も晩ごはんはカレーだった。今日もカレーを作るという。］
「今日もカレー？ おとといからずっとカレーじゃない」
「それで？」

　このような場合「それで？」を発話した人は、何がいいたいのでしょうか。［カレーが二日間つづいている→「それで」3日連続カレーはいやだ／今日は違うメニューがいい］という流れから考えると、相手の結論をすでに推定し、それをあえていわせるような問いかけをしています。「それで」を用いて相手の結論を促すというよりも、あなたがいいたいことは分かっているけれど、それは自分にとってはまったく問題ない、だからそれとは別の何か新しい結論があるのか、なかば相手を挑発するようなニュアンスを感じます。
　このような「それで？」は横柄、または開き直りのような印象を与えることになります。いわれた方は、自分の言い分を覆されたような、議論がかみあっていないような気分になり、「だから！」と、こちらも接続詞でいい返したくなるのではないでしょうか。

5.2　逆接：「でももへちまもない！」

　逆接の接続詞の典型的なものは、「しかし」「でも」の類いです。逆接とは前のことがらとは反対のこと、前のことがらから想定されることとは異なることを後続部分で述べる接続のしかたですから、対話中の「でも」は、相手の言い分への反論を切り出すきっかけになります。

(18)「こんなにコピペだらけではレポートとはいえませんね。明日までに全部書き直してくること。」
「でも……。」
「でももへちまもない！」

　上の例では「でも」の後続部分を封じられ、やりこめられてしまいま

した。前の文「レポートを書き直す」ということに反する内容をもち出したくて「でも」を使うわけですから、この場合「でも」を聞いただけで、相手が自分への反論を切り出すと予測できます。そのため即座にいい返されてしまった、というわけです。目上の人や親しくない人など、真っ向から歯向かいにくい人に反論を切り出す場合の「でも」には注意しましょう。

5.3 原因・理由：デモデモダッテちゃん＞＜

待ちあわせの時間には5分前には必ず着いている人、時間ぴったりに着くのが好きな人、反対に必ず遅れてくる人、さまざまですね。いつも時間に遅れる相手が今日もまた遅れてきたら、こんな会話にもなりそうです。

(19)「なぜいつも時間に遅れてくるの？」
　　「<u>だって</u>、電車が遅れたり電話がかかってきたりするんだもん。」

原因や理由を説明する文の冒頭に使われる「だって」ですが、この例のように、質問（なかば詰問や非難）に応答する際に「だって」で答えられる相手とはどのような相手でしょうか。おそらく、とても親しい人や身近な人に限られるのではないでしょうか。さらに、

(20)「なぜいつも時間に遅れてくるの？」
　　「え〜、<u>だってぇ〜</u>。」

のように、「だって」だけでも、自分には正当な理由（しばしば正当とは相手に思われないにせよ）があるのだということを、相手に示すことになります。これだと、いいわけがましい、自分が悪いと思っていない、というような印象を与えることもあります。上に述べた、逆接の「でも」と同じように、理由にならない理由をいおうとしてばかりいると、「デモデモダッテちゃん」といわれかねません。

第14章
「だから、でも、では……文と文をつなげる架け橋」

5.4 並列、添加:「あと、もう1つだけ。」

出来事を人に話したり、ものごとの順番や手順を説明する際によく使われるのが、並列や添加の接続詞です。

(21) 学生時代は、スポーツサークルで他大学の学生との交流を深めました。あと、バイト先でもいろんな立場の人と話すことで多くの経験ができました。あと、3回生の夏休みにカナダに語学留学に行って、英語力のアップと国際的な感覚を身につけました。あと、いまインターンシップにも申し込んでいます。

のように、自分のがんばったことを一生懸命アピールしているのですが、聞いている方は、「あと」がつづくたびに、「いつまでしゃべりつづけるんだろう、この人?」とうんざりした気持ちになっている気がします。これは、「あと」という接続詞が、前のことがらに引きつづいて、まだうしろに同じような内容がつづくということを示すものであるため、「あと」が何度もつづくと、「え〜、まだ?!」という気になるのです。今日も仕事が終わって、喉がかわいた、とにかくビールが飲みたい、お店に入って、駆けつけ一杯!!　という気分のときに、こんな注文をする人がいたら、思わずこういわれてしまうのではないでしょうか。

(22) 「とりあえず、ビール。」
「あ、ぼくも。あと、ぎょうざと、ザーサイ。あと、春巻きも。あ、あと……。」
「おい！とりあえず、それだけにしとこうよ。」

5.5 転換:「さて、そろそろ……」

転換の接続詞には、「さて」「ところで」「では」などがあります。これらは、それまでの話題や話し手や聞き手がいる場面を変える際に使われます。

(23)（研究テーマについての相談をしている）
「それで、このテーマを卒論のテーマにしたいと思っているんですけど……。」
「うん……ところで、そのかばん、どこのブランド？」

　みなさんがゼミの指導教員と話をしていて、こんなふうに聞かれたらどう思いますか。卒論のテーマとこのかばんとなんの関係があるんだ、といいたくなりませんか？　このように「ところで」は、それまでとはまったく関連のない話を出し抜けにもち出すときに使うのです。そのため、「ところで」と相手がいったら、そのあとの話はまったく予測がつかないのが普通です（予測できない内容がつづく、という予測はできますが）。反対に、誰かと話をしていて「ところで」と急に話を変えてしまうと、相手は「いまの話、聞いてなかったのか」とか「この話題には興味がないのかな」と気分を害してしまうかもしれません。
　それでは、相手に唐突な感じを与えないような話題転換は、どのようにしたらよいのでしょうか。

(24) ここまでは接続詞の成り立ちについてお話ししてきました。さて、ここからは接続詞がどのような働きをしているかについて詳しく見ていきましょう。

　「さて」という接続詞ですが、みなさんは普段この接続詞をどんな時に見たり聞いたりしますか。手紙で時候の挨拶につづいて「さて、本日は新製品のご案内をさしあげたく……」のように本論を切り出したり、上の例のように、授業の中で聞いたりすることが多いと思います。一方、自分ではほとんど使わないという人も多いのではないでしょうか。これは「さて」が、話全体の中で、前置きから重要な部分に移るということを示す接続詞だからです。
　つまり、話全体のプランをふまえて、ここからが大事なのだという演出をすることができる立場の人しか使えないということです。こういう

第 14 章
「だから、でも、では……文と文をつなげる架け橋」

差し出し方ができるのは、話を進める側だけで、たとえば授業を聴いている側や手紙を読んでいる側は、「さて」が出てきたら、それまでの部分は前置きだったのだ、ここからが大切な部分なのだ、とさっと頭を切り替える必要があります。

また「さて」は、場面を切り替えたいという気持ちを表すことがあります。

(25)（カフェでお茶を飲んでいて、そろそろお互いのカップも空になってきた）
「ここのケーキ、ほんとにおいしかったね。」
「うん。……さて、そろそろ行こうか。」

いきなり「行こうか」と切り出すと出し抜けな感じがするので、「さて」によって、次の場面（買い物、映画など）に移ろうという意思を示すのです。

最後に「では」ですが、これも話のプランをもっている側が使う接続詞です。では、じゃ（あ）、はメールの最後や人と別れるときに「では、またね」「じゃね〜バイバイ〜」という使い方があります。このように、今の場面をもう終わらせてもよい（そして、次の場面に移ってもよい）、と話し手や書き手が判断したことを示します。

(26)「では、ここで問題です！」

クイズ番組でよく聞かれる表現ですが、ここでは話し手の側が、説明はここで終わります（そして、次は問題です！）、ということを示すために「では」を使って場面を進めています。このように「では（じゃ）」には、次の場面に移ってもよいという話し手側の判断が大きく関わっています。さらに、話し手の推論を示す「では（じゃ）」の例を見てみましょう。

(27)「ごめん、急なんだけど来月からボリビアに転勤なんだ。3年ほどは戻れないみたい。」

「じゃ、来年の結婚式、どうするの？！」

　この場合、[婚約者が来月から3年間ボリビアに行ってしまい、来年日本にはいない] ということから、寝耳に水の話を聞かされた側は [それなら、来年に予定していた結婚式ができなくなる！] という推論をしたことになります。

(28)「聞いたんだけど、上の方の都合で来年度からは新しいプロジェクトには一切予算がつかなくなってしまったらしい。」
　　「え？！　それじゃあ。」
　　「いやいや、大丈夫。我々のプロジェクトは今年度分で申請してるからセーフだよ。」

　この例でも、「それじゃあ」と言った相手に対して「大丈夫」と答えるということは、自分の発話内容から相手が「自分たちのプロジェクトもだめになる」と推論したことを理解したからだといえます。
　ここであげた接続詞は、普段のコミュニケーションで何気なく聞いたり使ったりしているものだと思いますが、それぞれの接続詞がもつ働きを意識して、円滑なコミュニケーションに役立ててください。

6　まとめ

1. 接続詞は使い方のルールが決まりにくい。
2. 接続詞は書き手や話し手の意図を表すものである。
3. 接続詞はコミュニケーションの中でうまく使い分けよう。

〈参考文献〉

石黒圭（2008）『文章は接続詞で決まる』光文社新書
石黒圭（2009）「日本語教育通信　日本語・日本語教育を研究する　第37回接続

第 14 章
「だから、でも、では……文と文をつなげる架け橋」

　詞の難しさ」
https://www.jpf.go.jp/j/project/japanese/teach/tsushin/reserch/200908.html
市川孝（1978）『国語教育のための文章論概説』教育出版
山田敏弘（2013）『その一言が余計です。日本語の「正しさ」を問う』ちくま新書

第15章

日本語学の
悩み事なら聞いて
差し上げてよ？

役割語

この章のポイント

- 「わしは〜じゃ（博士）」「わたしくは〜ですわ（お嬢様）」などのキャラクタのことば「役割語」を学ぶ。

1 役割語とは？

　みなさんは子どもの時に、ごっこ遊びをしたことはありませんか？突然ですが、いまから武士になって会話してみてください。

第 15 章
日本語学の悩み事なら聞いて差し上げてよ？

> **やってみよう！**
>
> 武士っぽく話す。こんな語を使用してみては？
>   例：「拙者・身ども・貴様・おぬし・ござる・さよう・しからば・ごめん」

「それは拙者のパンでござる」「貴様！ 何をほざく。嘘を申すではない」「越後屋、おぬしも悪よのう」と、武士のキャラクタもだんだんつづかなくなり……。

でも、私たちは、一度も会ったこともない、武士・花魁(おいらん)・お公家様・宇宙人などのことばを、なぜ知っているのでしょうか？

(1) わちきは、知っているでありんす。（花魁）
(2) まろは、知っておじゃる。（お公家様）
(3) ワ・レ・ワ・レ・ハ、シッ・テ・イ・ル・ノ・ダ。（宇宙人）

これらのキャラクタのことばについては、以下のように「**役割語**」と呼ばれ、日本で育った日本語話者なら、誰でも身につけているといわれています。

> 「ある特定のことばづかい（語彙・語法・言い回し・イントネーション等）を聞くと特定の人物像（年齢、性別、職業、階層、時代、容姿・風貌、性格等）を思い浮かべることができるとき、あるいはある特定の人物像を提示されると、その人物がいかにも使用しそうなことばづかいを思い浮かべることができるとき、そのことばづかいを「役割語」と呼ぶ。」
>
> （金水2003）

では、さまざまな役割語とその歴史について、ちょっと覗いてみまし

ょう!

2 老博士

(4) 親じゃと? わしはアトムの親がわりになっとるわい!

(『鉄腕アトム』①、金水2003)

　みなさんの年代によって、キャラクタは違うかもしれませんが(上記は、お茶の水博士)、(4)のようなことばづかいを聞くと、白髪の博士が思い浮かぶと思います。

　このようなことばづかいは、博士だけではなく老人のキャラクタも使用しており(それぞれを博士語・老人語)、断定(判定詞)「じゃ」、否定「ぬ(ん)」、進行・状態「〜とる」、存在「おる」など、西日本的な特徴をもっています。

表1　博士語と標準語、西日本方言と東日本方言（金水2003）

	〈博士語〉	〈標準語〉
断定	親代わりじゃ	親代わりだ
打ち消し	知らん、知らぬ	知らない
人間の存在	おる	いる
進行、状態等	知っておる／とる	知っている／てる

	西日本方言	東日本方言
断定	雨じゃ、雨や	雨だ
打ち消し	知らん、知らへん	知らない、知らねえ
人間の存在	おる	いる
進行、状態等	降っておる／とる／降りよる等	降っている／てる
形容詞連用形	赤(あこ)うなる	赤(あか)くなる
一段活用動詞、サ変動詞命令形	起きい、せえ等	起きろ、しろ等

　ちなみに現在は、断定は京阪神では「や」であり、「じゃ」は中国地方などの西日本で使用されています。

　ところで、この**博士語・老人語の起源をたどっていくと、江戸語の形**

第15章
日本語学の悩み事なら聞いて差し上げてよ？

成と深い関係があることが分かります。これについては武士のことばとも関わってくるので、以下の「**武士語**」の中で説明したいと思います。

3 武士語

　武士は現代では時代劇で会える（？）のですが、年齢を問わず、いまも時代劇は人気、またマンガも多く描かれ、お武家様は未だに大活躍中です。

　(5) なになに？ 武士語が空前のブーム<u>じゃ</u>と？ では、<u>拙者</u>が出番<u>じゃ</u>！！
　　　　　　　　　　　　　　　　（『江戸サイクロペディア武士語録』表紙裏）

　また、武士の使うことば「武士語」もどうやら人気があるようで、多くの関係する書籍が出版されています。そして現代語で入力すると武士語に変換してくれるサイトまで存在します[注1]。では、武士語にはどのような特徴があるのでしょうか？

　(6) <u>拙者(せっしゃ)</u>ここを<u>離(はな)</u>れるつもりは<u>毛頭(もうとう)</u>ないので<u>な</u>（阿弥陀丸）
　　　　　　　　　　　　　　　　　　　　　（『シャーマンキング』①）
　(7) 我々…敵同士になら<u>ぬ</u>といいですねえ（沖田総司）
　　　　　　　　　　　　　　　　　　　　　　　（『JIN－仁－』⑰）

　作品によって違いはありますが、人称「**拙者**」「**貴様**」、断定（判定詞）「じゃ」、否定「ぬ（ん）」、存在「おる」といったものが見られます。人称をのぞき、これらは、先の博士語・老人語のところで述べたのと同じ語であり、西日本的な特徴をもったものです。
　そして、先にも述べたように、博士語・老人語と武士語は近世の江戸語の形成と深い関係があります。まず、江戸は幕府が開かれた当初、全国の人々が寄り集まる人口都市であり、ことばとしては方言雑居状態でした。その後、次第に江戸語が形成されていくのですが、これについて

は小松(1985)によると以下であったとされています。

①まず為政者である武士のことばが上方語的表現をもとにして形成される（第一次形成、上方は京阪神のこと）
↓
②次に江戸共通語というものが形成される（第二次形成）
↓
③下層の東国語的表現が次第に非下層にも広がっていく（第三次形成）

まず①で、武士のことばが当時のスタンダードであったと考えられる上方語的（西日本的）表現をもとに形成され、これが現代の武士語の源流となります。なお、武士の人称である「拙者・身ども」「オテマエ・ソコモト」「貴様（武士以外も使います）」も、近世に実際に武士が使用していたものです（諸星2004）。

次に、②から③で見られる上方語的・東国語的表現の対立が、江戸語内部の階層的な対立へと変質し、若年・壮年層がいち早く新共通語の江戸語を身につけたのに対して、老年層は規範的な上方語を使用しつづけます。

老人層＝上方語的　⇔　若者・壮年層＝東国語的

このように、老人層は上方語、若者・壮年層は東国語を使用するイメージが江戸である程度存在し、さらにその後、博士というキャラクタに出会い、博士語・老人語が増殖していったとされています（金水2003）。

ちなみに、武士が中心となった作品には、これらの武士語がほとんど出てこない作品もあります。どうぞ博士語・老人語とあわせて、さまざまなお武家様のことば、観察してみてくださいね。

4　お嬢様・お坊ちゃま

さあ、次は、ステキなお嬢様のことばです。

(8) きょうはずいぶんポーズがくずれていたようね／おうちにかえったら鏡の前でくふうしなさい／欠点がよくわかってよ（お蝶夫人）
（『エースをねらえ！』①、金水 2003）

(9) 礼儀知らずでけっこうだわ　異性としての男性なんて必要なくてよ（白鹿野梨子）
（『有閑倶楽部』①）

こんな話し方をするお嬢様、いるような、いないような……。もちろん世の中には、（羨ましいことに）お嬢様といわれる人たちは存在します。

でも、ふざけてお嬢様ふうに話すときを除いて、私たちはリアルに、こんな話し方をする人に出会ったことは、ないですよね（私はありません）。

そこで、これらのことばを「**お嬢様語**」としておきましょう。このお嬢様語もお嬢様専用語のみで構成されているわけではなく、普通の女性が用いる表現を多く含んでいます。そこで、まずこの女性的（そして対になる男性的）な表現について整理しておきます。日本語では、ことばに性差があり、以下のように男性が主に使う表現と、女性が主に使う表現があるといわれています（もちろん絶対的なものではなく、使用場面による差や個人差もあります）。

まず、**女性的表現**は、断定を避け、命令的でなく、自分の考えを相手に押しつけないいい方をする、といった特徴を持っています。これに対して、男性的な表現は、断定や命令を含み、主張・説得をするための表現を多く持っています（益岡・田窪1992: 222）。

いくつか、あげてみると（益岡・田窪1992: 223-224）、

①判定詞「だ」：省略すると女性的表現になる。

（10）君は女だ。（男性的表現）：あなたは女よ。（女性的表現）

②命令形、明示的な禁止の形は男性的表現になる。

（11）こっちへ来い。そんなことをするな。

③強い主張を表す「ぞ」、相手に対する一方的宣言を表す「ぜ」は、男性的表現に限って用いられる。

（12）こんな調子では、試験に落ちるぞ。おれは待ってるぜ。

④「わ」は、自分の感情や、あることがらに対する自分の印象を独り言のようにして相手に伝える表現であり、主に女性的表現として用いられる。

（13）困ったわ。変な人がいるわ。

　上記は一部であり、日本語にはその他多くの男性・女性的表現が存在します。
　そこで、手塚治虫のマンガ『リボンの騎士』の主人公サファイアを見てみましょう。サファイア（性別は女性です）は午前は女性、午後は男のふりをしなければならないのですが、（14）の女性的表現「（「だ」抜き）よ」「わ」「だわ」、そして（15）では「ぞ」や命令形の使用と、見事に女と男を使い分けています（（14）（15）『リボンの騎士』）。

（14）サファイア（女性の時）
　　　「おかあさまにさしあげる花輪よ　もうすぐできますのよ」
　　　「にくらしい時計　もう九時だわ」「王子にもどらなくちゃなら

第 15 章
日本語学の悩み事なら聞いて差し上げてよ？

　　　　ないわ　この花輪もうちょっとでできるとこだったんですのに」
（15）サファイア（男性のふり）
　　「ありがとう　ではぼくの　贈り物も　うけて　もらおう」
　　「な　何をいう　無礼者っ！行けっ！斬るぞ！」

　なお最近、現実では「〜わ」は使わず、「〜だよ」といったように「だ」を使用する女性も増えてきていますが、まだまだ小説などの書かれたものの世界では、女性的な表現は多く使用されています。

やってみよう！

お嬢様になりきる！キーワードは、「〜てよ」「〜だわ」「〜こと」、過剰な敬語表現の使用などです。

　突然ですが、ことばづかいから、お嬢様になってみましょう。金水（2003）によると、女性語からはみ出た役割語である「お嬢様ことば」は、たとえば「欠点がよく分かってよ」の「〜てよ」や、「まあいいこと」のような「〜こと」だとしています（「てよだわことば」。本書212ページコラム参照）。
　では、マンガの例を見てみましょう（すべて『笑う大天使』①の女学生）。

（16）でも考えすぎは良くありませんことよ（紫の上）
（17）悩み事なら聞いて差し上げてよ……？（白薔薇の君）
（18）わたくし捜しに行ってまいりますので皆様はお静かに自習を……
　　　　　　　　　　　　　　　　　　　　　　　　　　　（更科柚子）

　これらはすべて高校生が同級生・目下に話しかけているものです。通常、敬語は自分よりも目上の人に用いるのですが、お嬢様は、友人でも年下でも、常に（なりふり構わず）使用しつづけます。そして呼称は「〜

様」、また敬語＋終助詞「わ（わね）」などのあわせ技も効いているようです。あと、1人称代名詞は「わたくし」で！

　このお嬢様語の起源について、特に「〜てよ」といったものは「**てだわことば**」といって、明治において非難されていた若い女性のことば〈**女学生語**〉でした。これが一度衰退し、そして再度復活、「お嬢様語」として用いられるようになりました。時間が経てば耳障りなことばが上品なものになるって、不思議ですね！

　次に、お坊ちゃまはどうだったのでしょうか（お坊ちゃま語）。

（19）　<u>きみ</u>、降り<u>たまえ</u>っ。女生徒が空を飛んではあぶないっ
　　　　　　　　　　　　　　　　　　（面堂終太郎）（『うる星やつら』②）
（20）　今日は一段とステキ<u>ですね</u>　ルビーがとてもお<u>にあい</u><u>です</u>
　　　　　　　　　　　　　　　　　　（美童グランマニエ）（『有閑倶楽部』①）

　これらのお坊ちゃま語には、「僕」「君」「〜たまえ」の使用や、お嬢様語と同じく、敬語の使用頻度が高いことが観察されます。

　この「僕」「君」「〜たまえ」は、明治時代の書生のことばであり、現在では「君、コピーを取っておいてくれたまえ」なんて、会社の上司語となっています。

　お坊ちゃまも、上から目線のことばとして、使用しているのかもしれませんね。

5　幼児

　幼児の役割語「**幼児語**」については、先の武士語のように現実にはもはや存在しなかったり、お嬢様語のように実際のお嬢様は使用しない語があったり、とは少々事情が異なります。幼児語の場合は、幼児が使うことばを操作する（特に多用する）ことによって、幼児らしさを表しています。なお、実際の幼児がおこすような、いいまちがいは、あまり見られません。

第15章
日本語学の悩み事なら聞いて差し上げてよ？

　まず、語彙的な特徴としては、オノマトペから派生した「ポンポン（お腹）」「ワンワン（犬）」などや、接辞「お・ご」「さん・ちゃん・たん」を付加した「お片づけ」「お月さま」などが、多く見出されます（（21）～（25）すべて『地球行進曲』②、鷹宮翔2歳～3歳時）。

　（21）ガーガーとーりまーす（ショベルカー）
　（22）しょうくん　ここで　マーマのごほんよむのー

　それに比べて、（23）のような幼児特有の語は、それほど多くありません。

　（23）おしっこでゆー

　これらの語彙は、より分かりやすいものだけ選択されたと考えられます。幼児特有の語は幼児が周りにいないと、読者・作者とも、意味がなかなか分かりにくい・想起しにくいのかもしれません。
　次に、音については、サ行がタ行に入れ替わる（例：オサラがオチャラ）というような近い音に置換されたり、音節が省略されたもの（例「うさ（ぎ）ちゃん」）が多く見られます。

　（24）はちみちゅー（蜂蜜）
　（25）がっこ（学校）　かぶってく？　ゆずちゃんうれし（うれしい）？？

　ちなみに音の変化では、一般の幼児がおこす付加（例：バス→バチス）・転倒（例：テレビ→テビレ）のようなものは、あまり見いだせません。
　ところで、これらの幼児語は現代にのみ見られるのではなく、200年前の作品にも同じような特徴が見いだせます（鈴木2005）。
　では、実際の作品を見てみましょう。以下は、6歳ぐらいの男児と3歳ぐらいの女児・男児がお風呂にやってきた場面です（『浮世風呂』）。

(26) おいらはモウ衣(べゞ)脱(ぬい)だよ。(6歳男の子)
(27) 兄「油屋(あぶらや)の椽(えん)で　妹「氷(こい)張(あつ)て　金「ヲゝ　氷(こほり)が張つて(金は父、3歳女児)
(28) おたこ「上手(じやうず)にお洗(あらひ)だのう。是(これ)お見(み)、おつかさんも上手にお洗(あらひ)だよ　小児「坊も、上手(ぜうじゆ)に、お洗(あやい)。(おたこは母、3歳の男児)

　最後に、このような幼児語を使うのは、幼児だけではありません。なんと大人も使用します。大人は恋人やペットに話しかける時に、この幼児語が出る傾向があります。以下は大人の女性が夫に話しかけるシーンです。

(29)「わーいしゅき♡(好き)」「…夫のごほんは　むじゅかちーの」
　　　　　　　　　　　　　　　　　　　　(『セキララ結婚生活』幼児化)

甘えるときは、大人も幼児に戻ってしまうのでしょうか。

6　まとめ

　この章では、キャラクタのことばである「役割語」について考えてきました。まとめておきましょう。

1. 博士語・老人語、そして武士語は西日本的(上方語的)表現(断定(判定詞)「じゃ」、否定「ぬ(ん)」、進行・状態「〜とる」、存在「おる」など)であり、博士語・老人語の起源は江戸時代の江戸語の形成にある。
2. お嬢様語は、お嬢様専用語ともいえる「〜てよ」「〜こと」と女性的表現、そして過剰な敬語の使用である。また「〜てよ」は明治時代の〈女学生語〉であった。
3　幼児語は、実際の幼児のことばの多用であり、また実際の幼児が個別におこすような間違いは、ほとんど使用されない。

第15章
日本語学の悩み事なら聞いて差し上げてよ？

　役割語を研究するにあたって、どのようなところに注目すればよいのかについて述べておきたいと思います。それは、主として人称代名詞と文末表現であると考えられます。

　人称表現は特に1人称「僕・俺・わし・わい・あちき・拙者・朕・おいら・おら」、文末表現は助動詞「じゃ・だ」「ない・ん（ぬ）」、終助詞「ぜ・ぞ・わ・ねえ・のう」などであり、また丁寧表現「ございます」のバリエーション（「ござる・ござんす・ござえます・ありんす・おす・おます」など）、さらに感動詞「おほほ・おお・まあ」なども重要な要素だと考えられます。

　また、上記の文法的な要素だけではなく、マンガ・小説などの表記も役割語の対象になると思われます。先の幼児であれば「…」「ー（長音）」「　（空白）」、また、漢字は極力簡単なもののみにしてひらがな書き、またカタカナでセリフを書くのも、より幼児の言語的な未熟さを表現することになります。

　そして、片言さを表現するといえば、外国人のキャラクタ（特に西洋人）の場合にも同じことがおこると考えられます（第5章参照）。

（1）日本人探検家　大蛇に（…）からまれてるーーー！
　　ゴビンダ　ジーザス！　早〜ク　タスケナイト　死ンデ　シマ〜
　　〜イ　マ〜〜ス　（ギャグマンガ5、依田恵美2011: 219、金水編2011所収）

　そして、音声的な視点もあります。勅使河原三保子氏によると、日本語アニメのキャラクタの声質が、作品における役柄（特に悪玉か善玉かという）の区別によって特徴があるとされています（金水編2007所収）。

　さて、ここまで役割語の研究について述べてきましたが、まだまだ明らかとなっていない役割語もあり、今後も発展していくテーマであると思われます。新しいキャラクタのことば、見つけてみませんか？

〈注〉

[注1]　もんじろう(http://monjiro.net/)では、「武士語・龍馬語・マイケル語」など、さまざまな変換ができます(2016年7月現在)。

〈参考文献〉

金水敏(2003)『ヴァーチャル日本語役割語の謎』岩波書店
金水敏(編)(2007)『役割語研究の地平』くろしお出版
金水敏(編)(2011)『役割語研究の展開』くろしお出版
小松寿雄(1985)『江戸時代の国語　江戸語』東京堂出版
鈴木丹士郎(2005)『江戸の声―話されていた言葉を聴く』教育出版株式会社
益岡隆志・田窪行則(1992)『基礎日本語文法』くろしお出版
諸星美智直(2004)『近世武家言葉の研究』清文堂出版

お嬢様語とお坊ちゃま語

お嬢様語は本文で述べたように、その起源は近代（明治）の若い女性のことば（「てよだわことば」）にあるとされているのですが、実はこのことばは当時、非難されることばづかいでした。尾崎紅葉のエッセーを見てみましょう。

(1)「「梅はまだ咲かなくツテヨ」「アラもう咲いたノヨ」「アラもう咲いテヨ」「桜の花はまだ咲かないンダワ」（中略）心ある貴女（きぢよ）たちゆめかかる言葉づかひして美しき玉に瑕（きず）つけ磨ける鏡をな曇らせたまひそ」

（尾崎紅葉「流行言葉」『貴女之友』1888年）

しかし、近代の小説を見ると、若い女性のことばに多く「てよだわことば」は用いられています。今も昔も、若者のことばは大人たちにとって、耳障りなんですね！

(2) どうですか、そんな事は何とも仰しゃらなくってよ。

（吾輩は猫である、夏目漱石『漱石全集』1、岩波書店）

次に「お坊ちゃま語」ですが、これも近代（明治時代）の「書生」（若い男性ですね）のことばであり、たとえば坪内逍遙の『当世書生気質』に多くの「書生語」が見られます。

(3) サアサア小町田、閑話休題だ。却説（かえつてとく）をはじめたまへ

（『当世書生気質』岩波文庫）

この書生語はやがて少年も使うようになり、有名な「雨降り」に例が見られます（2人称「君（きみ）」も書生語です）。

(4) アメアメ　フレフレ　カアサン　ガ　ジヤノメ　デ　オムカヒ　ウレシイナ
　　ピツチピツチ　チヤツプチヤプ　ランランラン（中略）
　　アラアラ　アノコ　ハ　ヅブヌレダ　ヤナギ　ノ　ネカタデ　ナイテヰル
　　ピツチピツチ　チヤツプチヤプ　ランランラン。
　　カアサン　ボクノヲ　カシマシヨカ　キミキミ　コノカサ　サシタマヘ
　　ピツチピツチ　チヤツプチヤプ　ランランラン。

（北原白秋、1925年、『コドモノクニ』4巻12号）

お母さんがお迎えに来るような少年に「君！　この傘、さしたまえ！」といわれたら、びっくりしますよね。

コラムの参考文献

1. アクセント・イントネーション

秋永一枝(1985)『NHK日本語アクセント辞典』日本放送協会
儀利古幹雄(2011)「東京方言におけるアクセントの平板化」『国立国語研究所論集』1、国立国語研究所、pp. 1-19
窪薗晴夫(1999)『現代言語学入門2　日本語の音声』岩波文庫
窪薗晴夫(2006)『アクセントの法則』岩波書店
定延利之(2014)「話し言葉が好む複雑な構造　きもち欠乏症を中心に」石黒圭・橋本行洋（編）(2014)『話し言葉と書き言葉の接点』ひつじ書房、pp. 13-36
田中真一(2008)『リズム・アクセントの「ゆれ」と音韻・形態構造』くろしお出版
田中ゆかり(2000)「アクセント型の獲得と消失における「意識型」と「実現型」―首都圏西部域若年層における外来アクセント平板化現象から」『国語学』51（3）、国語学会、pp. 16-32
田中ゆかり(2010)『首都圏における言語動態の研究』笠間書院
平山輝男(1951)『九州方言音調の研究』学界之指針社
松森晶子・新田哲夫・木部暢子・中井幸比古(2012)『日本語アクセント入門』三省堂
国立国語研究所(2001)「解説：アクセントの平板化」『国語研の窓』第9号（http://www.ninjal.ac.jp/publication/catalogue/kokken_mado/09/04/）

2. 非対格動詞と非能格動詞

影山太郎(2016)「対照言語学から照射した現代日本語文法」『日本語文法』16（2）、日本語文法学会、pp. 32-47

3. 複合語と語構成

岡﨑友子・森勇太（2016）『ワークブック日本語の歴史』くろしお出版

4. アスペクトとテンス

奥田靖雄(1978)「アスペクトの研究をめぐって（上）（下）」『教育国語』53, 54, むぎ書房
工藤真由美(1995)『アスペクト・テンス体系とテクスト』ひつじ書房

5. 準体句

高山善行・青木博史（編）『ガイドブック日本語文法史』ひつじ書房
近藤泰弘（2000）『日本語記述文法の理論』ひつじ書房
国立国語研究所（編）（1989）『方言文法全国地図』第一集、財務省印刷局

6. 方言コスプレ

金水敏・田中ゆかり・岡室美奈子（2014）『ドラマと方言の新しい関係―『カーネー

ション』から『八重の桜』、そして『あまちゃん』へ』笠間書院
田中ゆかり（2011）『「方言コスプレ」の時代―ニセ関西弁から龍馬語まで』岩波書店
田中ゆかり（2016）『方言萌え!?ヴァーチャル方言を読み解く』岩波書店

7. 感動詞・応答詞・フィラー

★ここでは、主に定延利之氏の論考の中で、特に皆さんが興味を持って読めそうなものを紹介します。

鎌田修・定延利之・堤良一（2015）「談話とコミュニケーション」鎌田修・嶋田和子・堤良一（編）『談話とプロフィシェンシー』凡人社、pp. 202-221
定延利之(2005)『ささやく恋人、りきむレポーター』岩波書店
定延利之(2010)「はじめに」『コミュニケーション、どうする？どうなる？』ひつじ書房、pp. 104-113
定延利之(2011)『日本語社会のぞきキャラくり』三省堂
定延利之(2015)「コミュニケーション原理―言語研究からの眺め」Fundamentals Review 8（4）、電子情報通信学会、pp. 276-291(https://www.jstage.jst.go.jp/article/essfr/8/4/8_276/_article/-char/ja/)
定延利之(2016)『コミュニケーションへの言語的接近』ひつじ書房

8. ら抜き言葉

青木博史（2010）『語形成から見た日本語文法史』ひつじ書房
井上史雄（1998）『日本語ウォッチング』岩波新書
金水敏（2003）「ラ抜き言葉の歴史的研究」『月刊言語』32（4）、大修館書店、pp. 56-62
渋谷勝己（1993）「日本語可能表現の諸相と発展」『大阪大学文学部紀要』33（1）、大阪大学、pp. ⅰ-262
渋谷勝己（2008）「ことばとことばの出会うところ」『シリーズ日本語史　日本語史のインターフェース』岩波書店、pp. 139-175
田中章夫（1982）「「見レル」「起キレル」の言い方はどのようにして成立したか」『国文学解釈と教材の研究』27（16）、学燈社、pp. 102-107
松田謙次郎（2012）「ら抜き言葉」『日本語学』31（15）、明治書院、pp. 66-74
文化庁（2015）『「国語に関する世論調査について」の報告書』

9. お嬢様語とお坊ちゃま語

遠藤織枝（1997）『女のことばの文化史』学陽書房
金水敏（2003）『ヴァーチャル日本語役割語の謎』岩波書店
「雨降り」：国立国会図書館国際子ども図書館「コドモノクニ」
http://www.kodomo.go.jp/gallery/KODOMO_WEB/index_j.html

用例出典

　本書の用例は各章、以下の資料を参照しています。以下に記載のない資料については『新編日本古典文学全集』（小学館）によるものです。なお、読みやすくするために本文を改めたところがあります。

///

【第3章】（担当：岡﨑）

海人藻芥［1420］：続群書類従完成会（1959）『群書類従』第28輯、八木書店（訂正3版）
大上﨟御名之事［15世紀］：続群書類従完成会（1960）『群書類従』第23輯、八木書店（訂正3版）
日葡辞書［1603-1604］：土井忠生・森田武・長南実（編訳）（1980）『邦訳日葡辞書』岩波書店
舞姫［1890］：森鷗外（2013）『鷗外近代小説集』第1巻、岩波書店
読売新聞［1920］：ヨミダス歴史館
　https://database-yomiuri-co-jp.stri.toyo.ac.jp/rekishikan/

【第5章】（担当：深澤）

源氏物語絵巻［平安時代末期］：小松茂美（編）（1977）『源氏物語絵巻寝覚物語絵巻』日本絵巻大成1、中央公論社
古今和歌集（大蔵文化財団蔵本）［平安時代末期］：国語学会（編）（1976）『国語史資料集―図録と解説―』、武蔵野書院
のだめカンタービレ［2001-2010］：二ノ宮知子（2002）『のだめカンタービレ　②』、講談社
藤原有年申文［876］：国語学会（編）（1976）『国語史資料集―図録と解説―』、武蔵野書院

【第6章】（担当：森）

落窪物語［10世紀後半］：藤井貞和・稲賀敬二（校注）（1989）『落窪物語 住吉物語』新日本古典文学大系18、岩波書店
天草版平家物語［1592］：近藤政美・池村奈代美・濱千代いづみ（編）（1999）『天草版平家物語 語彙用例総索引(1)』勉誠出版
エソポのファブラス［1593］：大塚光信・来田隆（編）（1999）『エソポのハブラス 本文と総索引 本文篇』清文堂出版
日本大文典［1604］　P. João Rodoriguez：土井忠生（訳註）（1955）『日本大文典』

215

三省堂出版
大蔵虎明本狂言［1642］：池田廣司・北原保雄(1972-1983)『大蔵虎明本狂言集の研究』表現社

【第7章】（担当：岩田）

（覚一本）平家物語［14世紀頃］：高木市之助・小澤正夫・渥美かをる・金田一春彦（校注）（1959）『平家物語』上　日本古典文学大系32、岩波書店
延慶本平家物語［1309-1310］：北原保雄・小川栄一（編）（1990）『延慶本平家物語本文篇　上』『同　下』勉誠社
天草版平家物語［1592］江口正弘（1986）『天草版平家物語対象本文及び総索引』明治書院
史記抄［15世紀］：岡見正雄・大塚光信（編）（1971）『史記抄』抄物資料集成　第一巻、清文堂出版

【第9章】（担当：堤・岡﨑）

天草版平家物語［1592］江口正弘（1986）『天草版平家物語対象本文及び総索引』明治書院

【第11章】（担当：岡﨑）

エースをねらえ！［1973-1980］：山本鈴美香（1994）『エースをねらえ！①』、中央公論新社（中公文庫コミックス版）
音曲玉淵集［1727］三浦庚緒：濱田敦編並開題（1977）『音曲玉淵集』、臨川書店
日葡辞書［1603-1604］：土井忠生・森田武・長南実（編訳）（1980）『邦訳日葡辞書』岩波書店
弁慶物語［室町時代］：市古貞次・秋谷治・沢井耐三・田嶋一夫・徳田和夫（校注）（1992）『室町物語集』下、新日本古典文学大系55、岩波書店
以下、ももたろう
「日本昔噺」『第一編桃太郎』巌谷小波・富岡永洗（1914）、平凡社、
『ももたろう』舟崎克彦（1979）、講談社
『ももたろう』小学館の育児絵本・矢崎節夫（1983）、小学館
『ももたろう』代田昇（1978）、講談社
『ももたろう』赤座憲久（1991）、小峰書店
『ももたろう』松谷みよ子（2002）、フレーベル館

【第12章】（担当：堤）

さだまさし（2003）『解夏』幻冬舎

【第13章】（担当：藤本）

朝日新聞［2013］：朝日新聞大阪本社（2013）『朝日新聞』（夕刊）3版、11面、2013年10月3日
「てくの生活入門」朝日新聞be、b11面、2015年12月19日（土）
依頼はOK：星新一（著）（1989）『ご依頼の件』、新潮社

浮雲［1887-1889］二葉亭四迷：青木稔弥・十川信介（校注）『坪内逍遥・二葉亭四迷集』日本古典文学大系明治編18、岩波書店
浮世風呂［1809］式亭三馬：中村通夫（校注）（1957）『浮世風呂』日本古典文学大系63、岩波書店
銀の匙［2011-］：荒川弘（2014）『銀の匙　⑫』、小学館
虎明本狂言［1642］：池田廣司・北原保雄（1972-1983）『大蔵虎明本狂言集の研究』、表現社

【第14章】（担当：長谷川）

先生はえらい：内田樹（2005）『先生はえらい』、ちくまプリマー新書
日本経済新聞：日本経済新聞（2014）『日本経済新聞』14版、4面「特区の外国人受け入れ　関西・福岡で先行　家事支援など」、2014年6月18日（水）
日本国憲法：日本国憲法　第3章　第26条
ノルウェイの森：村上春樹（2004）『ノルウェイの森』（上）、講談社文庫

【第15章】（担当：岡﨑）

浮世風呂［1809］式亭三馬：中村通夫（校注）（1957）『浮世風呂』日本古典文学大系63、岩波書店
うる星やつら［1978-1987］：高橋留美子（1998）『うる星やつら　②』（文庫）、小学館
江戸サイクロペディア武士語録［2008］：氏神一番（2008）『江戸サイクロペディア武士語録』、祥伝社
エースをねらえ！［1973-1980］：山本鈴美香（1994）『エースをねらえ！　①』、中央公論新社（中公文庫コミックス版）
地球行進曲［2003-2005］：林みかせ（2005）『地球行進曲　②』、白泉社
シャーマンキング［1998-2004］：武井宏之（1999）『シャーマンキング　①』、集英社
ＪＩＮ-仁-［2000-2010］：村上もとか（2010）『ＪＩＮ-仁-　⑰』、集英社
セキララ結婚生活［1991］：けらえいこ（1991）『セキララ結婚生活』、株式会社メディアファクトリー
有閑倶楽部［1982-］：一条ゆかり（1982）『有閑倶楽部　①』、集英社
リボンの騎士［1953-1956］：手塚治（2014）『リボンの騎士　少女クラブ版』1 Kindle版、手塚プロダクション
笑う大天使［1987］：川原泉（1996）『笑う大天使　①』（文庫）、白泉社

IPA 表（国際音声字母）

子音

	両唇音	唇歯音	歯音	歯茎音	後部歯茎音	歯茎硬口蓋音	硬口蓋音	軟口蓋音	両唇軟口蓋音	口蓋垂音	声門音
破裂音	p b			t d			c ɟ	k g			ʔ
鼻音	m	ɱ		n			ɲ	ŋ		ɴ	
ふるえ音				r							
はじき音				ɾ							
摩擦音	ɸ β	f v	θ ð	s z	ʃ ʒ	ɕ ʑ	ç j	x ɣ			h ɦ
破擦音				ts	tʃ	tɕ dʑ					
接近音（半母音）							j		w	ʁ	
側面接近音（側面音）				l							

記号が対になっているところは右側の記号が有声。1つしか記号がない場合は有声。
なお、この表は現代・古代日本語の音を、IPAに則して、作成しました。

母音

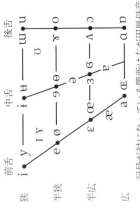

記号が対になっている箇所は右が円唇母音。

さくいん（キーワード）

1章　音

音声学……1
音韻論……2
アクセント……2
強弱アクセント……2
高低アクセント……2
格助詞……2
モーラ（拍）……3
特殊拍……3
促音……3
撥音……3
長音……3
音節（シラブル）……3
連濁……3
有気音……4
無気音……4
弁別的……5
ミニマルペア……5
調音点……6
調音法……6
破裂音……6
鼻音……6
摩擦……6
発音記号……7
IPA（国際音声字母）……7
音素……9
はじき音……9
異音……10

逆行同化……11
順行同化……11

2章　語構成

複合名詞……17
反例……19
反証可能性……19
自動詞……19
他動詞……20
非対格自動詞……21
非能格自動詞……21
意味役割……22
動作主……23
対象……23

3章　語彙

指の名前……27
キリシタン資料……28
『日葡辞書』……28, 32
人称代名詞……29
敬語……30
文末表現……30
敬意逓減の法則……30
集団語……31
女房詞……31
『海人藻芥』……31
『大上臈御名之事』……31

219

さくいん

『御湯殿上日記』……32
婦人語……32
単音節名詞……34
複音節名詞……34
同音衝突……34
上代特殊仮名遣い……35
語種……35
漢語……35
和製漢語……36
重箱読み……36
湯桶読み……36
新漢語……36

4章　テンス

テンス……42
過去形……42
パーフェクト……42
実現想定区間……44
ムード……47
発見の「タ」……47
探索……48
マクロ探索……48
ミクロ探索……48

5章　表記

流暢さ……56
片言……56
万葉仮名……56
ひらがな……57
カタカナ……57
「藤原有年申文」……57
連綿……58
墨継ぎ……58
『源氏物語絵巻』……60

ハ行転呼……60
藤原定家……61
定家仮名づかい……61
仮名づかい……61
新井白石……62
『西洋紀聞』……62
いろは……62
五十音図……62
役割語……64

6章　やりもらい

やりもらい……68
人称方向性……68
恩恵の授受……69
補助動詞……69
くれる……69
あげる……70
やる……70
もらう……72
敬語とやりもらい表現……77

7章　動詞・助動詞

助動詞のタリ……80
文法変化……80
活用体系の変化……81
終止形・連体形の合流……82
連体形終止……83
準体句……83
二段活用の一段化……84
活用の合理化……85
テンス……86
アスペクト……86
ら抜きことば……90

8章　方言

方言……93
ことばの地域差……93
『日本言語地図』……95
ものもらい（麦粒腫）……95
社会言語学……98
言語変種……98
バリエーション……98
話者の属性……99
場面……100
スタイル……100
レジスター……100
地域方言……100
社会方言……100
自律的変化……104
接触による変化……105
言語接触……107
集団語……107
地域方言……107
地理的伝播……107
『全国アホ・バカ分布考』……107
周圏分布……108
方言周圏論……108

9章　指示詞

形態素……112
現場指示用法……112
文脈指示用法……112
記憶指示……112
人称区分……114
距離区分……114
文脈指示用法……115
先行詞……115
記憶指示……115
直示的……115
非直示的……115
指示代名詞……117
指示副詞……117

10章　方言

命令形……124
命令表現……124
『方言文法全国地図』……124
活用形類……124
待遇表現類……126
否定疑問類……126
対人配慮……128
敬語……128
ハル類……128
テヤ類……128
ナサル類……130
西高東低……130
リーグ戦式調査法……130

11章　オノマトペ

オノマトペ……139
擬音語……139
擬態語……139
状態副詞……139
程度副詞……139
陳述副詞……140
位相……142
キリシタン資料……143
『音曲玉淵集』……144
動物の鳴き声……145
『東北方言オノマトペ用例集』……146

12章　フィラー

フィラー……152
心的操作標識……155
演算領域確保……156
言語編集……157, 158

13章　敬語

敬語の5分類……165
尊敬語……166
謙譲語Ⅰ……166
謙譲語Ⅱ……166
丁寧語……166
美化語……166
普通体……166
丁寧体……166
デスマス……167
幼児語……171

14章　接続詞

接続詞……179
順接……180
逆接……180
添加……180
対比……180
転換……180
同列……180
補足……180
接続副詞……184
接続語……184
接続表現……184
副用語……184
言語発達……186

15章　役割語の研究

役割語……200
博士語……201
老人語……201
江戸語の形成……201
武士語……202
拙者……202
貴様……202
お嬢様語……204
女性的表現……204
てよだわことば……206, 207
女学生語……207
お坊っちゃま語……207
幼児語……207

編者

岡﨑友子（おかざき・ともこ）｜第3章・第9章（共著）・第11章・第15章

立命館大学文学部教授。大阪大学大学院文学研究科博士後期課程修了。博士（文学）。
主要論文・主要著書：
「中古和文における接続表現について」（近藤泰弘・田中牧郎・小木曽智信編『コーパスと日本語史研究』ひつじ書房、2015年）
『日本語指示詞の歴史的研究』（ひつじ書房、2010年）
『ワークブック日本語の歴史』（森勇太氏と共著、くろしお出版、2016年）
関心のあるテーマ：指示詞・接続詞・複合辞の歴史的変化
趣味・最近の生活：熱海、箱根の温泉♨で、まったり。

堤良一（つつみ・りょういち）｜第1章・第2章・第4章・第9章（共著）・第12章

岡山大学学術研究院社会文化科学学域教授。大阪外国語大学大学院社会文化研究科博士後期課程修了。博士（言語文化学）。
主要論文・主要著書：
『「大学生」になるための日本語1・2』ひつじ書房（長谷川哲子氏と共著、ひつじ書房、2009・2010年）
『現代日本語指示詞の総合的研究』（ココ出版、2009年）
『談話とプロフィシェンシー』（鎌田修・嶋田和子・堤良一編著、凡人社、2015年）
関心のあるテーマ：指示詞・フィラー・談話・コミュニケーション・日本語教育
趣味・最近の生活：20年ぶりくらいでトロンボーンを吹きはじめて5年目……全く上達しませんが、いつか上手に演奏したいなぁ。

松丸真大（まつまる・みちお）｜第8章

滋賀大学教育学部教授。大阪大学大学院文学研究科博士後期課程中退。修士（文学）。
主要論文・主要著書：
真田信治編『社会言語学の展望』（くろしお出版、2006年）
真田信治編『方言学』（朝倉書店、2011年）
関心のあるテーマ：方言の確認要求表現・方言終助詞・活用体系・方言の分布と変化
趣味・最近の生活：あらへん……。

岩田美穂（いわた・みほ）｜第7章

就実大学人文科学部表現文化学科准教授。大阪大学大学院文学研究科博士後期課程修了。博士（文学）

主要論文・主要著書：
「引用句派生の例示」（『日本語文法史研究』1、2012年）
「例示並列形式としてのトカの史的変遷」（益岡隆志ほか編『日本語複文構文の研究』ひつじ書房、2014年）
関心のあるテーマ：文法史・並列表現・条件表現・とりたて
趣味・最近の生活：3歳の娘のオモシロ発言をこっそりメモして1人ニヤつくのがブーム。

執筆者

長谷川哲子（はせがわ・のりこ）｜第14章

関西学院大学准教授。大阪大学大学院言語文化研究科博士後期課程単位取得退学。修士（言語文化学）

主要論文・主要著作：
『「大学生」になるための日本語1・2』（堤良一氏と共著、ひつじ書房、2009・2010年）
「日本語学習者による非母語話者の作文に対する評価について」（『大阪産業大学論集 人文・社会科学編』4、2008年）
「転換の接続詞「さて」について」（『日本語教育』105、2000年）
関心のあるテーマ：ライティングにおける留学生のビリーフ、接続詞の習得研究
趣味・最近の生活：……気がつけば、ないものねだり。

深澤愛（ふかざわ・あい）｜第5章

近畿大学文芸学部文学科准教授。大阪大学大学院文学研究科博士後期課程修了。博士（文学）。

主要論文・主要著書：
「片仮名文字体系の自律性獲得についての試論」（『国語文字史の研究』11、2009年）

「〈見る行為〉の描写と文末テンス形式──二葉亭四迷翻訳作品における「見ると」「見れば」を含む文の保持と改変」(『国語語彙史の研究』34、2015年)
関心のあるテーマ：明治時代の文体や表記
趣味・最近の生活：旅に出るのが好き。家族とでも1人でも、物理的な旅でも精神的な旅でも。

藤本真理子（ふじもと・まりこ）｜第13章

尾道市立大学芸術文化学部日本文学科准教授。大阪大学大学院文学研究科博士後期課程修了。博士（文学）。
主要論文・主要著書：
「〈聞き手領域〉に関わるア系列の指示──中世を中心に」(『日本語文法史研究』3、2016年)
『グループワークで日本語表現力アップ』(ひつじ書房、2016年、共著)
関心のあるテーマ：文法史・指示詞・敬語・文体
趣味・最近の生活：ことばの海を放浪する日々。

森勇太（もり・ゆうた）｜第6章・第10章

関西大学文学部総合人文学科教授。大阪大学大学院文学研究科博士後期課程修了。博士（文学）。
主要論文・主要著書：
『発話行為から見た日本語授受表現の歴史的研究』(ひつじ書房、2016年)
「甑島平良方言の敬語」(『国文学』関西大学国文学会、2016年)
『ワークブック日本語の歴史』(岡﨑友子氏と共著、くろしお出版、2016年)
関心のあるテーマ：授受表現・敬語・命令表現
趣味・最近の生活：静岡から大阪に来てはや14年。いまだにことばの地域差を感じる日々です。

ココが面白い！　日本語学

2017年4月1日　　初版第1刷発行
2023年5月15日　　初版第3刷発行

編者	岡﨑友子・堤良一・松丸真大・岩田美穂
発行者	吉峰晃一朗・田中哲哉
発行所	株式会社ココ出版 〒162-0828 東京都新宿区袋町25-30-107 電話・ファクス　03-3269-5438
装丁・組版設計	長田年伸
イラスト	梶原由加利
印刷・製本	株式会社シナノパブリッシングプレス

定価はカバーに表示してあります。
ISBN978-4-904595-90-9　　©T. Okazaki, R. Tsutsumi, M. Matsumaru, M. Iwata 2017
Printed in Japan